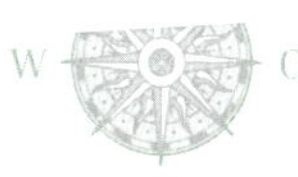

Monument
ue der Diana
Warnungsaltar
Dornauszieher
Pantheon
haeum
Wörlitzer Hauptgraben (Sonnenkanal)
Insel der Totenerinnerung
Großes Walloch
Amalien-insel
Wurzelhaus

Wörlitzer Park

agoge
Georgenkanal
Eiserne Brücke
Holzweg
Insel Stein
Villa Hamilton
Grotte der Egeria
Graben zum Stein
Zedernweg
0 100 200 300 m

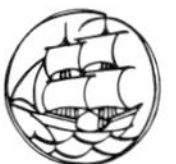

Kia Vahland

Gartenreich Wörlitz

Ausflug in eine Utopie

Insel Verlag

Insel-Bücherei Nr. 1499

Gartenreich Wörlitz

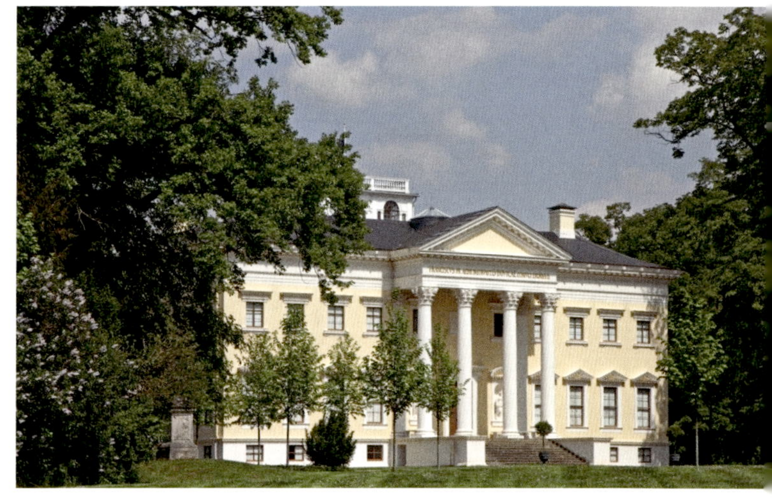

Das Wörlitzer Schloss

Auszeit im Anderswo

Das Gartenreich Dessau-Wörlitz drängt sich nicht auf. Es liegt zwar verkehrsgünstig auf der Strecke von München nach Berlin, aber man muss schon hinwollen, muss wissen, was man hier suchen und finden kann: einen Ort, der niemanden überfordert und jeden fordert, so menschengemäß sind die Dimensionen, die Hecken und Waldstücke, Häuschen und Grotten. Nicht einmal das Wörlitzer Schloss, das erste klassizistische in Deutschland, tritt einem herrschaftlich entgegen, vielmehr spricht es eine wohl proportionierte Einladung aus, die man annehmen kann oder nicht. Es ist eine Einladung, teilzuhaben an dem ansehnlichen, gut organisierten Reich, das Fürst Leopold III. Friedrich Franz von Anhalt-Dessau hier im späten 18. Jahrhundert von seinem Baumeister Friedrich Wilhelm von Erdmannsdorff und seinem Hofgärtner Johann Friedrich Eyserbeck errichten ließ.

Inspirieren ließen die Erbauer sich nicht von dem pompösen Rokoko, der an den großen Höfen hoch im Kurs stand, sondern von der harmoniesuchenden britischen Gartenkunst, von den antiken Funden in Pompeji, von der Gotik und der Renaissance. Wundersamerweise entstand dabei kein Park der Anmaßungen und Superlative, sondern etwas Neues, ein so an- wie beschauliches Gesamtkunstwerk.

Die von der Leichtigkeit englischer Gärten beflügelten Landschaftsarchitekten des 18. Jahrhunderts dachten gar nicht daran, die Gäste ihrer sorgsam bebauten und bewachsenen Parkanlagen scharenweise in die Verausgabung zu treiben, sie warben auch nicht lauthals für ihre Kunst, die sowieso nur Fürsten und andere hohe Herrschaften bezahlen konnten. Besinnung und Sinnlichkeit lautete das Programm; Entspannung und Überraschung, Naturwüchsiges und Gestaltetes gingen Hand in Hand. Und war ein Auftraggeber besonders ambitioniert, wollte er aufgeklärt, tolerant und modern erscheinen, so galt das gärtnerische Werk nicht nur exklusiven Kreisen, sollte nicht nur Könige, Dichterfürsten und Aristokraten beeindrucken, sondern auch die eigenen Untertanen.

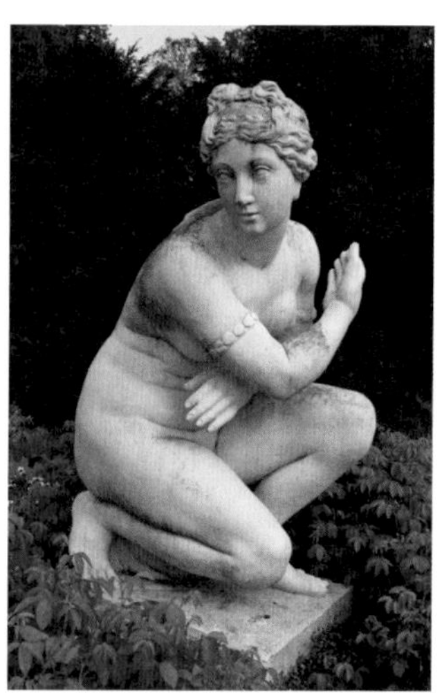

Venus aus dem Bade

So war das im Reich des aufgeklärten Kleinherrschers Fürst Franz von Wörlitz. »Eine Zierde und Inbegriff des 18. Jahrhunderts«, nannte der 1733 geborene Schriftsteller Christoph Martin Wieland das Ergebnis, und es ließe sich ergänzen: Dieser Park schmückt auch das 21. Jahrhundert.

In Wörlitz zu verweilen, heißt auch heute noch, zu sich zu kommen, Lasten abzuwerfen, im Hier und Jetzt eine alte Stieleiche zu grüßen, sich betrachten zu lassen von einer steinernen Venus, die hell leuchtend am Wegesrand hockt.

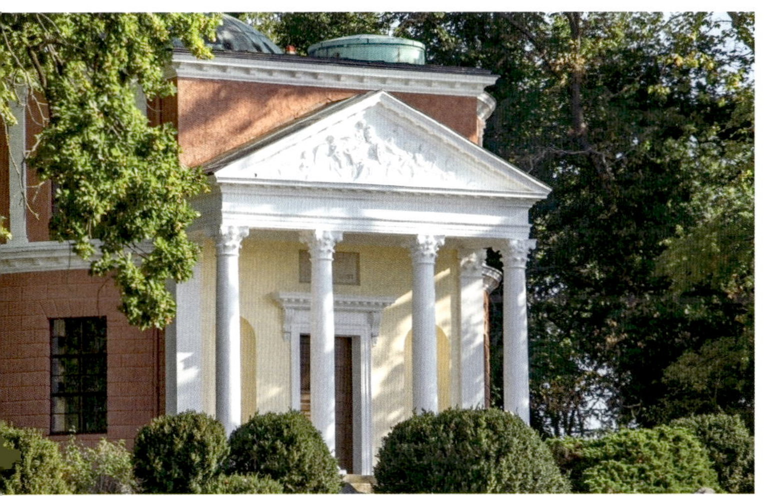

Pantheon

Nichts schreit einem laut entgegen (mal ausgenommen die 120 ansässigen Vogelarten, die zur Zeit der Balz um die Wette trällern). Und doch wartet hinter jeder Biegung eine Entdeckung. Mal blitzen Wasserblumen auf und konkurrieren mit der Spiegelung der Türme und Baumkronen im grünblauen Gewässer. Mal endet ein Gang in einem hochgewachsenen Labyrinth, das etwas über verzweigte Lebenswege zu erzählen hat. Mal stoßen Besucherinnen und Besucher auf eine moderne Metallkonstruktion, mal auf ein archaisch anmutendes Wurzelhaus. Oder man findet sich wieder in einem bescheidenen Tempel, der ein bisschen römisches Pantheon sein will, aber in anhaltinischer Variante: ein übersichtlicher Ort des Innehaltens ohne alle Wucht und Einschüchterung.

Das Gartenreich lebt mit den Jahreszeiten. Im bunt belaubten Herbst kann der Mensch hier seine Ruhe haben. Es schlendern nur Einheimische und Liebhaber durch den alten Wörlitzer Ortskern, der sich an die Parkanlage schmiegt. In den Weiten der Gärten begegnet man bloß noch hier und da anderen Spaziergängerinnen. Und in den Baudenkmälern mag man sich bisweilen fühlen wie das Fürstenpaar persönlich; all die bespannten Wände, Preziosen, Gemälde – und auch die während der Hochsaison noch eher reserviert auftretenden Wachleute – empfangen einen, als hätten sie nur auf diesen einen Besuch gewartet.

Im Winter fallen dann fahle Sonnenstrahlen durch die kahlen Bäume, erleuchten den hellen Marmor der Statuen und drapierten Urnen; Melancholie legt sich über die Landschaft. Die Kunsthäuser in der Anlage sind nun geschlossen und nur Kulisse, der – im Sinne der Aufklärung schrankenfrei für alle zugängliche – Park ist der Protagonist des Winters. Und es zeigt sich, wie sehr das Gartenreich von seinen Sichtachsen, seinen Lichtspielen und seinen Wasserläufen lebt.

Im Frühjahr, wenn die Häuser im Park neu öffnen und

das helle Grün sich langsam aus den Ästen wagt, hängen Nebelschwaden oft noch tief über dem hinteren Deich, der die Anlage bei Hochwasser vor den Elbarmen schützt. Die Schönheit des Geländes muss man sich erst erwandern,

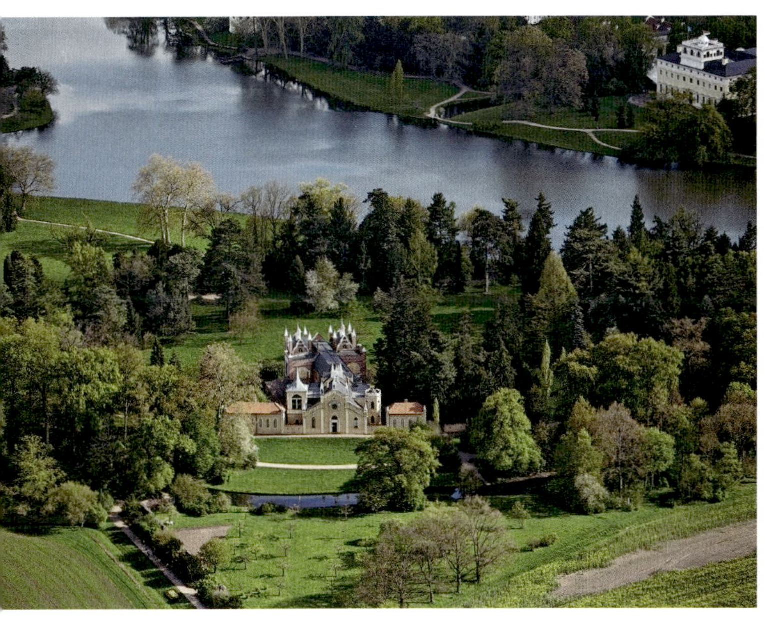

Luftansicht des Gartenreichs Wörlitz (Ausschnitt), im Vordergrund das Gotische Haus, rechts hinten das Schloss

vor Wind und Wetter Schutz suchend mal in Höhlen, mal in den Baudenkmälern oder Gartenhäusern. Dann aber bricht der Himmel blau wie ein Marienmantel auf und gibt den Blick frei auf eine Kulturlandschaft, in der alles zusammenpasst: der spitze Kirchturm zur zylinderförmigen Synagoge, die rot-weißen Schwingungen des Gotischen Hauses zum klassizistischen Ebenmaß des Schlosses, unbehauene Steinquader zu antikischer Gelassenheit, schlanke Kiefern zu den vielen eleganten Brücken. Das nicht gerade dicht besiedelte Hinterland von Sachsen-Anhalt spielt Rom, Athen, Paris, Venedig. Nichts daran ist lächerlich, alles wirkt, als könne es gar nicht anders sein. Warum italienische Zypressen, wenn es auch heimische Pappeln tun. Und die Pfauen fühlen sich hier so zuhause wie der Kuckuck.

Im Juli und August brennt schließlich die Sonne, und da die Gegend mittlerweile zu den trockensten Gebieten Deutschlands gehört, kommen die Parkpfleger mit dem Bewässern und Bäumeretten kaum hinterher. Für das knallige Blumenbeet beim 1798 fertiggestellten Floratempel reicht es immer, doch manch ein abgelegeneres Gestrüpp dürstet es nach Regen.

Vor wenigen Jahren noch fürchteten die Verantwortlichen nichts mehr als ein weiteres Elbhochwasser, wie es im Jahr 2002 die Anlage gefährdet hatte. Inzwischen gilt zudem die Dürre als größter Feind des Parks und seiner mehr als 460 Gehölzarten und -sorten (die vielen Obstbäume nicht eingerechnet). In manchen Sommern tragen auch der kleine See und die vielen Seitenarme und Kanäle nicht mehr genügend Wasser; die ersten Bäume sterben. Zu ersetzen durch robustere Hölzer sind sie nicht, ohne den historisch so gewollten Gesamteindruck zu zerstören.

Das warme, helle Licht lässt die weißen Fassaden im Hochsommer blenden, und in der Mittagszeit flüchtet man sich am besten in die kühlen Häuser mit ihren prächtigen Kunstsammlungen. Abends aber, wenn die Sonne noch hoch steht, fühlt sich ein sommerlicher Spaziergang durch die Anlage oder eine Radfahrt über die Nebenwege nahe den Elbauen an wie eine Reise tief in den Süden.

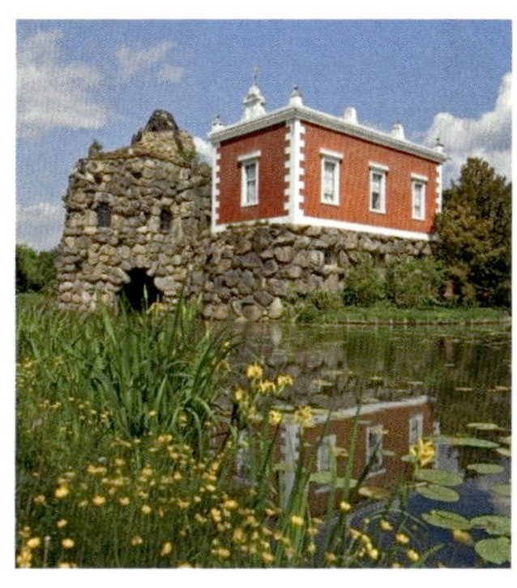

Die Insel Stein mit dem Vulkan und der Villa Hamilton

Sogleich findet man sich in Neapel wieder. Die Italiensehnsucht von Fürst Franz gipfelte im Nachbau eines Miniatur-Vesuvs auf der kleinen Insel Stein. Findlinge türmen sich übereinander, es gibt künstliche Grotten, dunkle Gänge, irgendwann öffnet sich der düstere Brocken überraschend zu einem grün bewachsenen Amphitheater. Darüber erhebt sich der rußschwarze Schlund des Möchtegern-Vulkans, der schon im Sommer 1794 mit einem Ausbruch die Italiensehnsucht der Deutschen stillte.

Bei besonderen Anlässen und wenn es nicht zu trocken ist, spuckt der zweite Vesuv auch heute noch. Das ist ein Fest. Das Publikum trifft sich schon nachmittags am Steg nahe dem Schloss. Die Gondeln – es sind eher längsgestreifte Ruderboote mit geschwungenem hellem Bug – erwarten die Schaulustigen, jede ist mit einem festlichen Bankett für eine ganze Reisegruppe ausgestattet. Etliche Gondolieri sind Einheimische, die schon als Kinder in den Höhlen des Parks Verstecken gespielt haben. Sie stehen nicht wie ihre venezianischen Kollegen, sondern rudern im Sitzen und

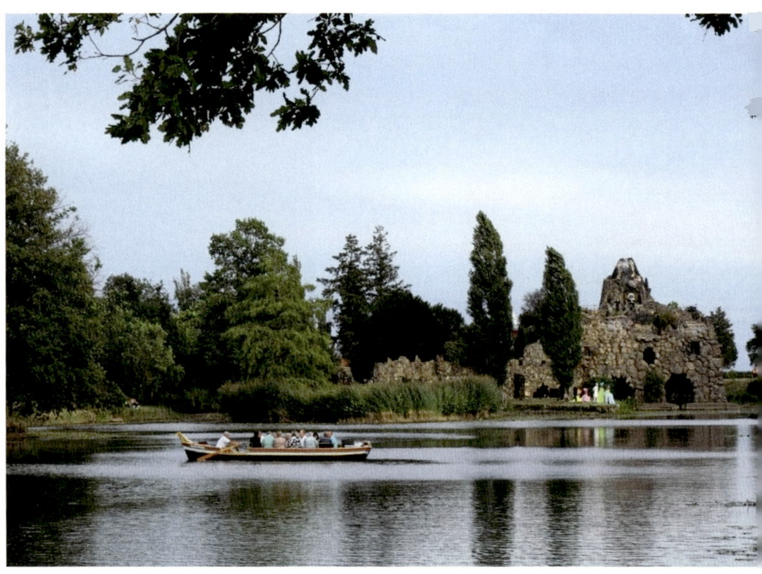

Gondelfahrt vor dem Vulkanausbruch

klären über Bäume und Statuen am Seerand auf, während ihre Fahrgäste gut essen und trinken. Auch die Gesänge, die sich manche Gondolieri auf der Lagune irgendwann in der Moderne angeeignet haben, erschallen hier nicht. Zum grellen Spektakel taugt Wörlitz einfach nicht, nur die

Schmetterlinge drehen ihre Runden wie immer. Und im Schilf, in Sichtweite der Gondelgäste und heimischer Frösche, vollführt eine Tanzkompanie einen sorgsam choreografierten Auftritt, verbeugt sich und geht.

So bleibt ein Besuch im Gartenreich entspannt, selbst an dem Tag, an dem alle auf den großen Ausbruch warten. Der kommt erst in der Dämmerung, ganz nach Plan. Der Vulkan hat sich schon eine Weile warm geraucht, nun funkelt er rot und speit schließlich laut schnaufend eine stinkende Masse; nicht bis in den Himmel reicht seine künstliche Explosion, erleuchtet aber den schwarzen See und seine Kulisse. Die Touristinnen im Boot erheben ihre Weingläser. Wer sich die Gondel sparen wollte, steht am Ufer, gemeinsam mit den Wörlitzern und den Mitarbeitern des Parks, und goutiert ganz ohne Eintritt die Anstrengungen des kleinen Vesuvs. Volksnah, ohne volkstümlich zu sein, das war das Gartenreich schon immer.

Nicht immer aber bekam es die Anerkennung, die es verdiente. Die Nationalsozialisten zerschnitten die Landschaft 1938 mit einer Autobahn und einer Elbbrücke in zwei Teile. Und sie benannten die von Franz errichtete Synagoge in der Wörlitzer Anlage im Jahr 1937 in einen »Vestatempel« um, räumten sie leer und verboten ihre religiöse Nutzung. Während der Novemberpogrome ein Jahr später konnte der Gartendirektor nur knapp die komplette Zerstörung der Synagoge verhindern.

In der DDR wurde der Wörlitzer Park zum Reiseziel. Die

aristokratische Anlage alterte dabei vor sich hin; viele Räume etwa des Schlosses waren nicht oder nur selten in Gebrauch, schon deshalb, weil das Heizen der Säle – teils mit Braunkohle – so mühsam war.

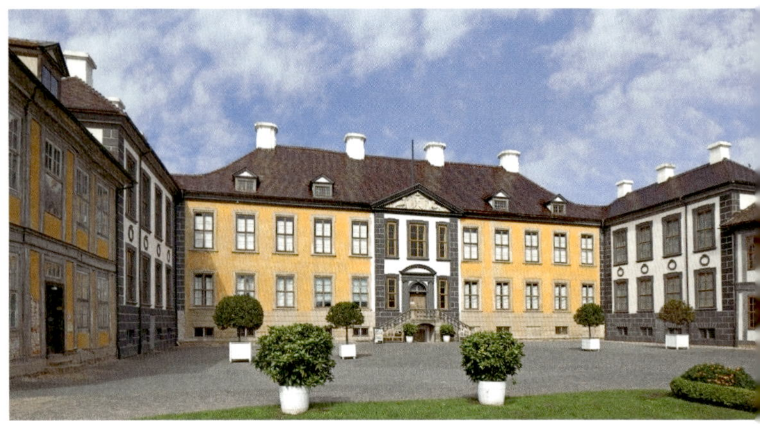

Schloss Oranienbaum

Doch keine Herrschaft ließ das Gartenreich zerstören. Hilfreich war, dass die Anhaltiner Fürstenfamilie den Besitz schon 1918, als die Monarchie endete, in die Hände der Kulturstiftung Dessau-Wörlitz gelegt hatte, die das Kleinod seither durch alle Regierungsformen hindurch hütet.

Noch die DDR-Regierung beantragte im September 1989, kurz vor der Wende, den Welterbestatus bei der UNESCO. Aber erst als in den neunziger Jahren das nahe gelegene Braunkohle- und Gasturbinenkraftwerk Vockerode stillgelegt wurde, hatte das Vorhaben eine Chance. Die Landesregierung Sachsen-Anhalts reichte den Antrag erneut ein. Im Jahr 2000 verlieh die UNESCO dem Gartenreich Dessau-Wörlitz den Welterbestatus und lobte besonders die Idee hinter dem Garten, nämlich wie hier die »philosophischen Prinzipien« der Aufklärung auf 142 Quadratkilometern Form gefunden hätten. Das Biosphärenreservat Mittelelbe ist bereits seit den späten achtziger Jahren Teil eines UNESCO-Programms, so dass Kultur- und Naturschutz einander nun bedingen.

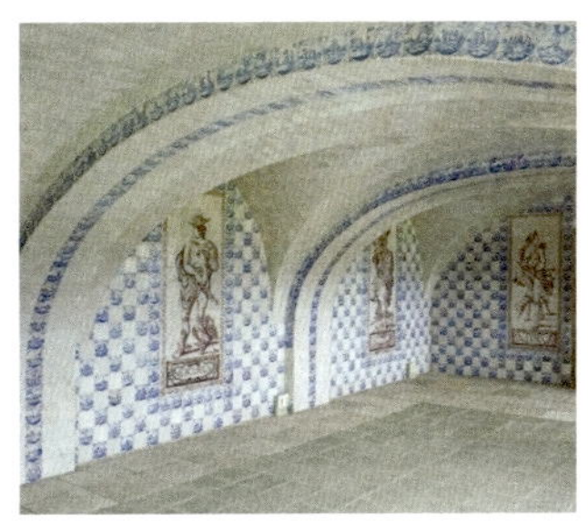

Niederländische Kacheln im Schloss Oranienbaum

Das Votum der UNESCO löste in der Bundesrepublik einen Renovierungsboom im Schloss und den anderen Häusern und Tempeln aus. Heute ist viel mehr und in besserem Zustand zu sehen, als das im 19. und 20. Jahrhundert der Fall war. Nun erschließt sich der Wörlitzer Park auch wieder als Teil einer größeren, historisch geprägten Kulturlandschaft.

So hatte sich Fürst Franz in den 1780er Jahren das nahe gelegene Schloss Oranienbaum angeeignet und einige Räume und Teile des Gartens im chinesischen Stil gestalten lassen. Dem nordisch barocken Ensemble, erbaut von dem Utrechter Cornelis Ryckwaert, tut das keinen Abbruch. Die 1708 gestorbene Urgroßmutter von Franz, Henriette

Catharina, war selbst Niederländerin und hatte den Ort mit ihrem Stilwillen belebt, wovon noch heute etwa der blau-weiße Fliesenkeller mit seinen Bauern- und Fischermotiven zeugt.

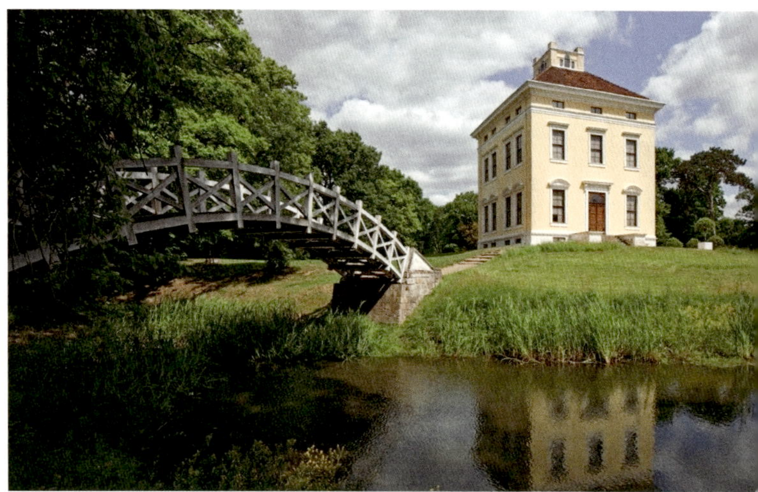

Luisium

Zum erweiterten Gartenreich gehören auch der verhältnismäßig naturbelassene Park am Sieglitzer Berg, ein Rückzugsort des Fürsten Franz, sowie die Anlagen seiner nahen Angehörigen: Georgium, benannt nach seinem jüngeren Bruder Prinz Johann Georg, hat ein klassizistisches Hauptgebäude und ein paar künstliche Ruinen im weitläufigen Park; in Großkühnau begab sich Erbprinz Friedrich als Gartenbauer ab 1805 auf die Spuren seines Vaters. Luisium schließlich, der private Ort von Franzens belesener Gattin Louise, ist schon wegen des kubischen, von Friedrich Wilhelm von Erdmannsdorff errichteten streng klassizistischen Wohnsitzes einen Besuch wert: ein Vorbild an schlichter Schönheit für viele weitere Bauten im ganzen Land. Wer das stilistische Gegenprogramm erleben möchte, macht einen Abstecher nach Mosigkau: Prinzessin Anna Wilhelmine von Anhalt-Dessau, Franzens 1715 geborene Tante, ließ sich hier rund zwei Jahrzehnte vor dem Wörlitzer Schlossbau noch einen wahren Rokokopalast errichten, mit Irrgarten, prächtiger Gemäldesammlung und einigen Anleihen bei dem Potsdamer Schloss Sanssouci.

All die Gärten nahe der Muldemündung in die Elbe wollten immer schon besucht und bestaunt werden, sie waren aber auch zum Leben gemacht. Es gibt Obstbäume und noch vom Fürsten Franz veranlasste landwirtschaftliche Flächen mittendrin. Ein Massenerlebnis sind diese Parks in und um Wörlitz nicht. Das macht sie heute so ungewöhnlich, in Zeiten von Bundesgartenschauen, Freizeitparks, Weltausstellungen, Zoologischen Gärten. Die Gegenwart sehnt sich nach versammelten Attraktionen, nach gebündelten Erlebnissen, zu denen man sich hinbegibt, in sie eintaucht, sich gemeinsam mit vielen anderen treiben lässt auf einem Meer voller Reize; geleitet von dem unerfüllbaren Wunsch, einen kompletten Überblick zu bekommen über den Stand von Kultur, Technik und Natur.

Die Gärten von Dessau-Wörlitz sind anders. Kulturgeschichte ist hier kein Kräftemessen, keine Überwältigungsmaschine, sondern ein Spiel, eingebettet in eine Flusslandschaft, die mit Wind und Wetter ihren eigenen Regeln folgt. Dieser Band erzählt, wie es im 18. Jahrhundert dazu kam, wer die Fürsten Franz und Louise und ihre Vorbilder, Architekten und Gärtner waren, und er führt zu den noch heute schönsten Stellen im verwunschenen alten Wörlitzer Reich.

Garten der Vernunft und der Lust

Das utopische Reich von Fürst Franz, Fürstin Louise, Goethe und einer Gärtnerstochter

Fürst Leopold III. Friedrich Franz von Anhalt-Dessau will alles richtig machen. Sein kleines Reich soll schöner, friedlicher, sauberer sein als alle anderen, bewohnt von Untertanen, die braver, klüger, geschmackvoller und glücklicher sind als anderswo. Ihm schwebt ein aufgeklärter Idealstaat vor, ohne Armut, ohne Hässlichkeit und ohne Gewalt. Der Mensch wird hier im Einklang leben mit der Natur, und er wird Kunst schaffen, die ihn erfreut und erzieht.

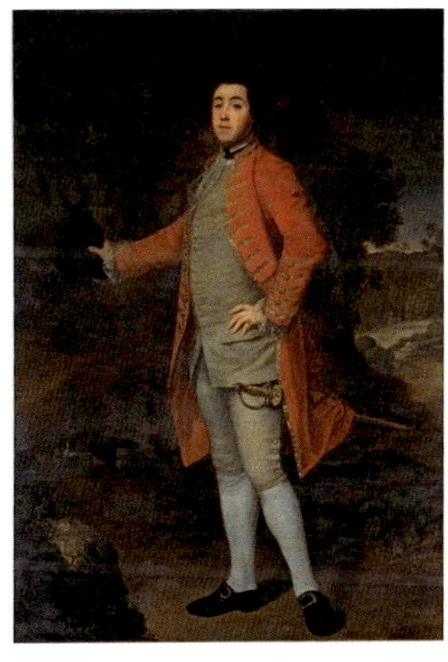

Fürst Leopold III. Friedrich Franz von Anhalt-Dessau, Porträt von Wilhelm Hartkopf (1911) nach einer 1766 entstandenen Vorlage von Anton von Maron

Das ist die Theorie. Die Praxis ist eine öffentliche Gartenanlage, die von dem Ort Wörlitz bis zu den Elbauen reicht. Seit neun Jahren arbeitet Franz an diesem Kunstwerk. Auf dem platten Land lässt der rundgesichtige Lockenträger Wege, Seen und Inseln anlegen, antike Skulpturen und moderne Häuschen aufstellen, Brücken bauen, Wein pflanzen. Es gibt ein Labyrinth, das den Weg der Tugend lehrt, und als Beweis moderner Toleranz neben der Kirche eine Synagoge in Gestalt eines antiken Rundtempels. Nun, im Frühjahr 1778, türmen Arbeiter Steinbrocken zu einer Insel, auf der ein künstlicher Vulkan entstehen soll. Franz möchte seine Besucher mit allem Staunenswerten beeindrucken, was Natur, Kunst und Technik hervorbringen.

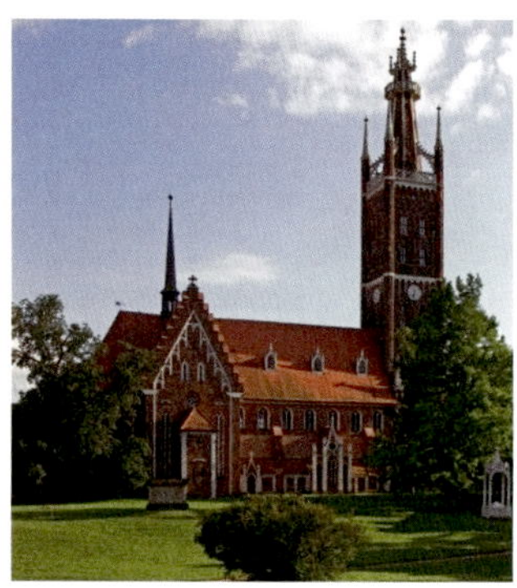

St.-Petri-Kirche

Nur eine Sorge treibt ihn um. Der preußische König und der Habsburger Kaiser streiten um die Zukunft Bayerns. Ein Krieg zwischen den beiden großen Mächten des Heiligen Römischen Reiches bahnt sich an. Fürst Franz will gemeinsam mit einem anderen Kleinstaatenherrscher, Herzog Karl August von Sachsen-Weimar, nach Berlin reisen und mit dem König sprechen. Vielleicht lässt sich noch etwas ausrichten.

Anfang Mai trifft der Weimarer Herrscher in Dessau ein. Unter seinen Beratern ist der 29-jährige Johann Wolfgang Goethe. Als Mitglied der Regierung begleitet der Schriftsteller seinen Landesherren, um in Berlin mehr über politische Macht zu lernen. Ein Vergnügen, glaubt er, wird diese Reise nicht.

Wird sie doch.

»Hier ists jetzt unendlich schön«, schwärmt Goethe am 14. Mai in einem Brief, nachdem er den Wörlitzer Park besichtigt hat. »Mich hats gestern Abend, wie wir durch die Seen, Kanäle und Wäldchen schlichen, sehr gerührt, wie die Götter dem Fürsten erlaubt haben, einen Traum um sich herum zu schaffen. Es ist, wenn man so durchzieht, wie ein Märchen, das einem vorgetragen wird.«

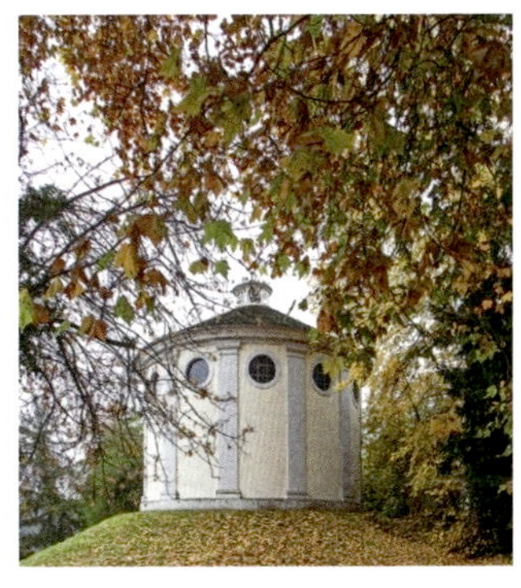

Synagoge

Das Gartenreich Wörlitz, so erleben es von Beginn an Besucherinnen und Besucher, ist eine Auszeit von den Gefahren des Daseins. Große Politik, ein aufkommender Krieg, alle Ungewissheiten und Sorgen scheinen fortzuwehen, sobald man sich unter weitem Himmel auf das wohlgeordnete Spiel der Sichtachsen einlässt und hier einen Aussichtsturm, dort ein extravagant gestacheltes Brückengeländer erhascht.

Franz aber ist kein Träumer und kein Märchenonkel, wie Goethe meint. Ihm geht es um ein Modell vernünftiger Herrschaft. Er will in Wörlitz keine Gegenwelt errichten, sondern seine Umwelt sortieren. Weil er dafür im Heiligen Römischen Reich seiner Zeit keine Anregungen findet, weder bei den Preußen noch bei den Habsburgern, richtet er seinen Blick auf die Antike. Und importiert Säulen, Kapitelle und Götterstatuen aus dem Formenschatz der alten Griechen und Römer.

So wird er in Deutschland zu einem der Begründer des Klassizismus, der in den kommenden Jahrzehnten ganz Europa erfassen wird. Von Paris bis Petersburg orientieren sich Baumeister und Bildhauer bald an der europäischen Antike. Sie allein verspricht in ihren Augen Ordnung, Klarheit und Beständigkeit. Übersichtliche Gebäude sollen vom Grundstein bis zum Dachziegel Rationalität verkörpern. Das entspricht dem Weltbild der Aufklärung, die sich nährt aus dem Humanismus der Renaissance und dem Forschergeist der jungen Naturwissenschaften. Der Barock der vergangenen zwei Jahrhunderte stößt viele Menschen jetzt ab. Die goldene Pracht der Kirchen, den Prunk der verschnörkelten Paläste empfinden etliche Zeitgenossen vor und nach der Französischen Revolution von 1789 als rückständig, überbordend und zu religiös durchdrungen. So viel Verschwendung im Namen Gottes oder eines Monarchen erscheint der aufkommenden bürgerlichen Gesellschaft unvernünftig – sie sucht nach eigenen Wurzeln und findet sie, wieder einmal, in Bau- und Lebensweise der Alten. Und diejenigen Herrscher, die sich nun aufgeklärte Absolutisten nennen, ziehen mit.

Fürst Franz vermag mit seinem Berlinbesuch den preußisch-österreichischen Krieg um Bayern nicht zu verhindern. Wie die anderen Kleinfürsten auch hat er im Reich wenig zu sagen. Seine Ideen von guter Herrschaft kann er nur in Anhalt-Dessau umsetzen. Vielleicht sieht er in Berlin, unweit der königlichen Residenz, eine Baustelle: Hier entsteht in den kommenden Jahren das Brandenburger Tor, eine monumentale Pforte mit 15 Meter hohen Säulen. Sie soll den Torbau der Akropolis von Athen nachempfinden, das Machtzentrum der alten Welt. Die Herren von Preußen können den jungen Klassizismus nur im größtmöglichen Maßstab denken.

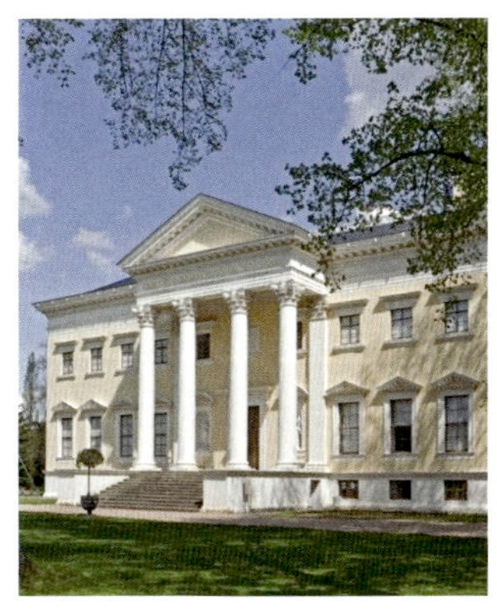

Eingang zum Schloss Wörlitz

Maßvoll erscheint dagegen das Schloss von Wörlitz, in das Franz zurückkehrt. Der sonnengelbe Neubau schmiegt sich zwischen den Kirchturm und die Bäume des Parks. Wie ein Landhaus, nicht wie ein Schloss sieht der zweieinhalbgeschossige Kubus aus. Die Fenster der Beletage akzentuieren zarte Giebel, die Fassade ist kaum gegliedert. Imposant wirkt nur der Vorbau mit seinen vier korinthischen Säulen.

Doch der Eingang ist vom Park aus nicht zu sehen. Das Schloss wendet sich nicht dem Garten zu, auf den der Fürst so stolz ist. Sondern es schaut auf den Ort Wörlitz und lädt die Bewohner ein, näher-, ja sogar einzutreten in den Herrschaftssitz. Erreichbar möchte Franz sein, offen für die Anliegen seiner Untertaninnen und Untertanen. Was auch heißt, dass er sie gerne alle im Blick und unter Kontrolle behält. Oben auf dem Dach wird er demnächst einen hellen, mit Holzpalmen geschmückten Raum aufstocken lassen, dessen große Fenster in alle Richtungen blicken.

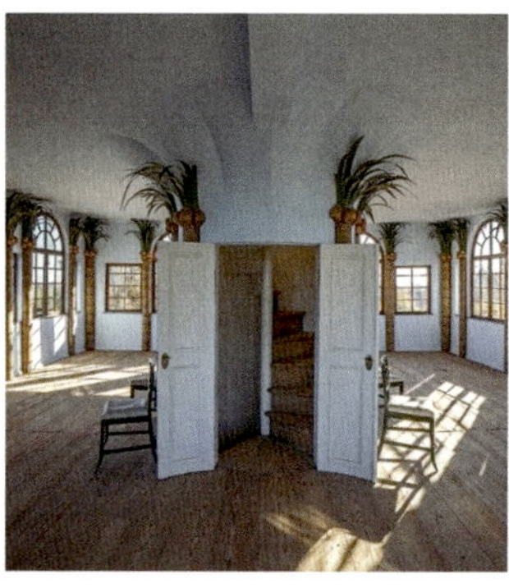

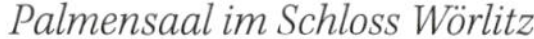

Palmensaal im Schloss Wörlitz

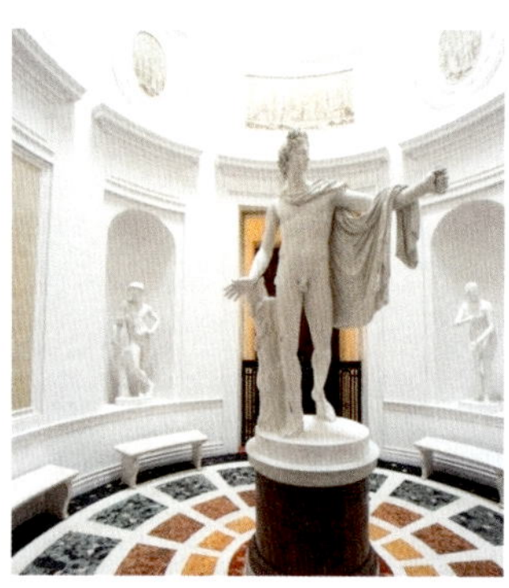

Rotunde im Schloss mit Apoll-Statue

Fünf Jahren zuvor weihte Franz sein Schloss ein, mit einem Fest, bei dem die Gäste antike Gewänder trugen. Manche Frauen kamen als Nymphen, Männer als Faune. Vielleicht hatten sie erwartet, über eine feierliche Marmortreppe in den Festsaal emporzuschreiten, wie es in barocken Anlagen üblich ist – und mussten dann mit ihren Sandalen und Togen über schmale seitliche Holztreppen zum Festsaal trippeln. Nicht um sie kreist diese Architektur, sondern um eine Kopie des antiken Apoll vom Belvedere aus Rom. In der Eingangsrotunde im ersten Stock empfängt der Schöne die Besucher.

Als Sonnengott, fähig zu guter Herrschaft, mag sich der Hausherr fühlen. Er liebt die antiken Referenzen. Manche Anspielung ist nur etwas für Eingeweihte. Auch wohlwollende Betrachter monieren, dass die Fenster im oberen Geschoss nicht durchgehend gerahmt sind. Tatsächlich wirkt es, als sei der seitliche Schmuck der Fenster vergessen worden. Das wäre den Baumeistern der Antike nicht passiert – wohl aber verloren die verwitterten römischen Tempel im syrischen Palmyra im Laufe späterer Jahrhunderte ihren Schmuck. 1753 veröffentlichte der Engländer Robert Wood ein Buch mit exakten Zeichnungen aus Palmyra. Das begeisterte den Architekten des Schlosses, Friedrich Wilhelm von Erdmannsdorff, so, dass er die beschädigten Fensterrahmungen in Wörlitz nachbilden ließ.

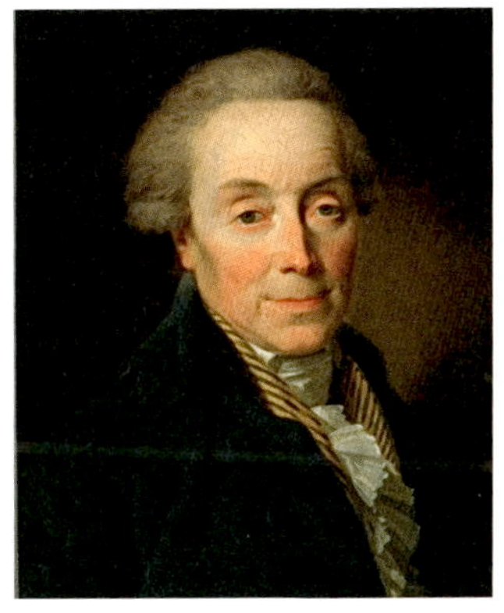

Friedrich Wilhelm von Erdmannsdorff, porträtiert 1796 von Johann Friedrich August Tischbein

Von Erdmannsdorff ist der beste Freund des Fürsten. Als Franz seinen 16. Geburtstag feierte, machte der vier Jahre Ältere ihm die Aufwartung und sie kamen ins Gespräch. Franz war nach dem frühen Tod seiner Eltern von Humanisten erzogen worden, die ihm die alte Welt nahebrachten. In Erdmannsdorff, der in Wittenberg Mathematik, Geschichte und Philosophie studierte, fand er einen Gleichgesinnten aus seiner Generation. Doch dann gerieten Preußen und Österreich in Konflikt um Schlesien und begannen mit ihren jeweiligen Verbündeten den Siebenjährigen Krieg. Der sächsische Bürger Erdmannsdorff floh nach Italien, um nicht eingezogen zu werden. Vielleicht hatte er Franz vor den Kämpfen gewarnt, jedenfalls entschied der sich gegen eine Kriegsteilnahme seines Landes, obwohl er selbst einmal in der preußischen Armee gedient hatte. Falls Preußen den Krieg verlieren sollte, wäre es besser, den Kaiser in Wien nicht gegen sich zu haben.

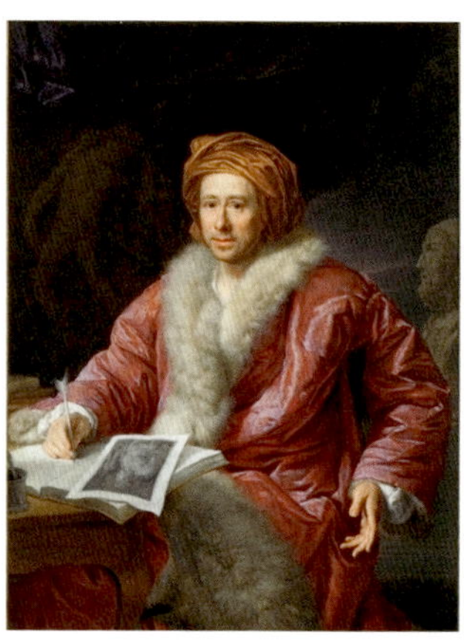

Johann Joachim Winckelmann, porträtiert 1768 von Anton von Maron

»Eure Neutralität wird Euch bekommen wie den Hunden das Gras«, knurrte der preußische König und verhängte hohe Strafen. Franz zahlte sie mit seinem eigenen Tafelsilber. Seither bewundern andere Kleinfürsten seinen Mut und Eigensinn, Bürger seine Fürsorge.

Nach Kriegsende zogen die beiden Freunde durch Europa. Und lernten, wie aus Klassikliebe Klassizismus werden kann und wie auf den Ruinen der Alten Zeitgemäßes wächst. Mit zwei Kutschen überquerten sie am 11. November 1765 den Brenner Richtung Rom. Dort lebte der Begründer der modernen Kunstgeschichte: Johann Joachim Winckelmann, ein deutscher Archäologe, den der Papst zum obersten Aufseher über die Altertümer gemacht hatte. Winckelmann kannte jede Säule, jedes Fragment in der Stadt – oder vermeinte sie zu kennen. In vielen seiner Deutungen der Werke und Bauten irrte er, wie sich später herausstellte. Doch er vermochte die Antike so begeistert zu beschreiben wie kein anderer. »Gesalbt mit dem Öl der Götter« erscheint ihm der Apoll vom Belvedere, dessen Kopie später im Wörlitzer Schloss stehen wird. »Sein Auge ist voll Süßigkeit, wie unter den Musen, die ihn zu umarmen suchen«, schreibt der Gelehrte, »sein weiches Haar spielet, wie die zarten Schlingen edler Weinreben, gleichsam von einer sanften Luft bewegt, um dieses göttliche Haupt.« Friedvoll sei die Skulptur, getaucht in »selige Stille«.

»Leben und Bewegung« will er den Werken mit seinen Worten einhauchen, sie sollen in ihrer »edlen Einfalt und stillen Größe« nicht nur zu ästhetischen, sondern auch zu sittlichen Vorbildern für ein gelungenes Leben werden. Goethe bringt Winckelmanns schriftstellerische Gabe auf den Punkt: »Man lernt nichts, wenn man ihn lieset, aber wird etwas.«

Und etwas werden, nämlich ein kluger, tugendhafter Herrscher, das wollte Franz. Ohne Entourage stellte er sich dem Archäologen in dessen bescheidener römischer Wohnung vor: »Ich bin von Dessau, mein lieber Winckelmann; ich komme nach Rom, zu lernen, und ich habe Sie nötig.« Der Forscher küsste ihm die Hände und weinte vor Freude, wie er sich später erinnert – endlich erschien bei ihm ein deutscher Herrscher, der nicht prassen wollte, sondern Demut vor der Kunst empfand.

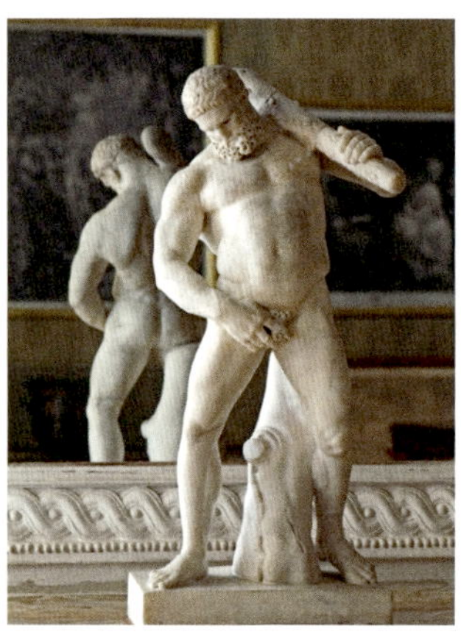

Römischer Herkules im Schlafzimmer des Fürsten

Jeden Tag begleitete er nun den Fürsten und seinen Freund durch Rom, zeigte ihnen Ruinen und Tempel, Kirchen und Palazzi, führte sie durch die Katakomben, nahm sie mit auf Landpartien. Begeistert vom Eifer seines fürstlichen Schülers ermunterte er ihn, ein wenig vom Glanz der Alten nach Anhalt-Dessau zu exportieren. Ein Freund Winckelmanns, der Bildhauer Bartolomeo Cavaceppi, restaurierte Antiken – was heißt, er nahm sich die Freiheit, zerstörte Oberleiber mit neuen Armen, Köpfen und Beinen zu vollständigen Figuren zu ergänzen. Das störte die beiden Dessauer nicht, sie deckten sich mit Reiseandenken ein: Neben Cavaceppis Statuen schickten sie Statuetten, Bronzereliefs, geschnittene Edelsteine, auch moderne Gemälde nach Wörlitz. Und Erdmannsdorff lernte das Zeichnen, später würde er sich in Rom auch im Restaurieren von Skulpturen ausbilden lassen.

Mit der römischen Gesellschaft fremdelten die Deutschen. Als der Fürst einmal zu einem Fest geladen wurde, stopften die Damen sich demonstrativ Kräuter in die Nase, weil sie sein starkes Parfum nicht ertrugen – obwohl er seine Kleider extra für den Anlass gelüftet hatte. Ein deutscher Kleinherrscher war hier nicht mehr als eine Lachnummer aus der Provinz. Nur einer empfing ihn wohlwollend: der Kardinal Alessandro Albani, ein Mäzen Winckelmanns. Franz bewunderte den mit Antiken gefüllten Palast des Kardinals: So müsste man wohnen! Besonders eine hüfthohe Statue hat es ihm angetan. Die römische Kopie eines griechischen Vorbilds zeigt einen betrunkenen Herakles, der sich kaum auf den Beinen halten kann. Schwankend spreizt er die Beine zum Wasserlassen. Der Kardinal schenkte das Stück Franz.

Der hat einen Sinn für solche Spielereien, er wird den wankenden Kraftprotz in sein Schlafzimmer stellen. Er ist kein Missionar der klaren Linie und strengen Form; sein Gartenreich und Schloss werden kein Musterbuch für klassizistische Stillehre. Andere Anhänger Winckelmanns legen die Ideen des Meisters strikter aus, so wie der Historienmaler Anton Raphael Mengs aus Rom, dessen wohlgeordnete Kompositionen ein heiliger Ernst durchweht. Franz und Erdmannsdorff lassen sich dagegen lieber von Winckelmanns überschwänglicher Leidenschaft mitreißen. Der Fürst begreift die Antike als riesigen Zitatenschatz, den er kennen muss, um sich daraus nach Belieben zu bedienen.

So verpassten die Dessauer nichts auf ihrer Grand Tour: Sie fuhren nach Venedig, um die schwungvolle italienische Gotik zu studieren. Nach Pompeji und Herkulaneum, um sich über die neuesten Ausgrabungen zu informieren – und einen kleinen Vulkanausbruch des Vesuvs zu sehen. Auf der Rückreise machten sie einen Umweg über Südengland, wo etliche Aristokraten in großen naturbelassenen Gärten Landhäuser errichtet haben, im nüchternen Stil des antikenverliebten Renaissance-Architekten Andrea Palladio. Diese Adeligen sehen sich als geschmackvolle Hüter der britischen Freiheitsrechte, ein ländlicher Gegenpol zum Königshof in London. Stil als politisches Statement, als Ausdruck aristokratischen Gestaltungswillens: Das gefällt Franz.

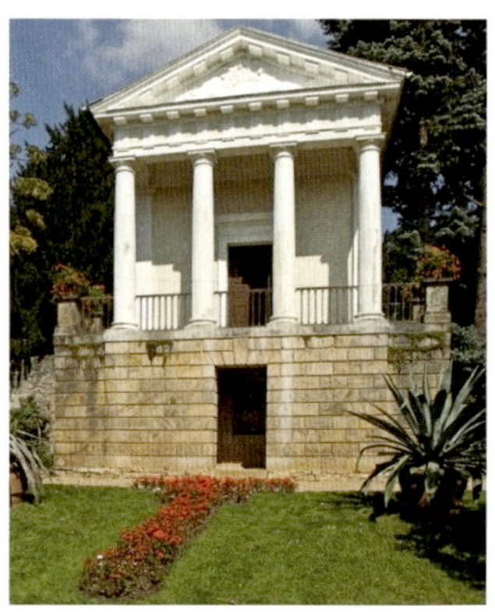

Floratempel

Was ihm an den englischen Gärten nicht gefällt, ist die Lage fern abseits der Ortschaften. Sein Park soll seinem Volk offen stehen. Jeder soll ihn genießen und von ihm lernen können, das Schöne mit dem Nützlichen zu verbinden.

Also bringt er aus England Kleesamen mit nach Anhalt und schenkt sie nach seiner Rückkehr den Bauern, damit sie Viehfutter haben für eine effektive Stallhaltung. Er kauft moderne landwirtschaftliche Geräte und stellt sie für alle sichtbar aus. Für den Obstanbau interessiert er sich persönlich und legt eine Bibliothek mit Fachbüchern und Wachsmodellen verschiedener Sorten Äpfel und Birnen an.

Waldgebiete lässt Franz umzäunen, um den Baumbestand zu schützen und auch das Wild, das er gerne jagt. Bald hat Anhalt-Dessau eine moderne Forst- und Landwirtschaft, die das Fürstentum und seine Bevölkerung ökonomisch stabilisiert.

Franz kann es sich nun leisten, noch mehr in Architektur und Bildhauerei zu investieren. Mit einem Floratempel huldigt er der antiken Herrin der Fruchtbarkeit und des Frühlings – und erlaubt sich den Scherz, das Blumenbeet davor in Penisform anlegen zu lassen. Diana, die Göttin der Jagd, überrascht die Besucherinnen und Besucher auf einer blühenden Wiese; dann wieder stoßen sie auf einen Sockel, dessen Inschrift mahnt, die Pflanzen im Park zu respektieren. Auf dem See schaukeln Gondeln wie in Venedig, nur bunter. Vom Schloss aus kann man hinübersetzen an die Nordseite des Parks und ertappt am anderen Ufer eine Venus, die sich nach dem Bad abtrocknet. Ihre Kollegin, eine Kopie der Kapitolinischen Venus aus Rom, hat in ihrem offenen Rundtempel den besten Blick über den Park. Und obwohl sie schützend die Hände vor Brust und Scham hält, ist auch sie von allen Seiten anzuschauen.

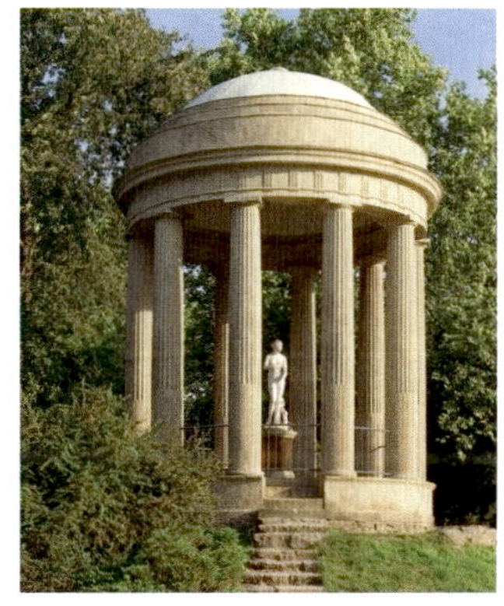

Venustempel

Die Venus ist Franzens Hausgöttin; eine von dem Bildhauer Cavaceppi sehr frei mit einer Muschel in den Händen ergänzte antike Statue steht im Eckzimmer des Schlosses. Leider können all seine Venusfiguren Franz in der Liebe nicht helfen. Vor seiner Italienreise verehrte er eine Bürgerliche und wäre am liebsten mit ihr nach England ausgewandert – das aber untersagte ihm der preußische König und zwang ihn, nach seiner Rückkehr von der Grand Tour eine entfernte Verwandte zu heiraten, die Prinzessin Louise von Brandenburg-Schwedt. Franz war besten Willens, die Zweckehe so vorbildlich zu führen wie sein kleines Reich. Er widmete Louise den Schlossbau und brachte über dem Eingang eine hoffnungsvolle Inschrift an: »Liebe und Freundschaft haben es erbaut, Friede und Einigkeit mögen darin wohnen, dann werden häusliche Freuden nicht fehlen.«

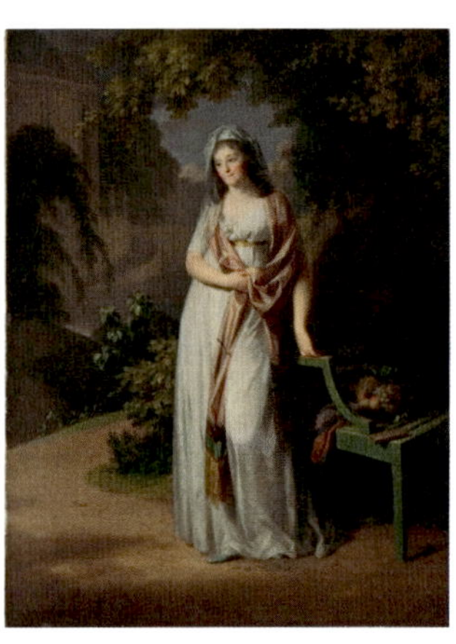

Prinzessin Louise von Brandenburg-Schwedt, porträtiert von Johann Friedrich August Tischbein im Jahr 1797

Doch Louise hat ihren eigenen Kopf, sie spielt Klavier, wann es ihr passt, macht aus ihrer körperlichen Abneigung gegenüber dem Gatten keinen Hehl und gibt mehr Widerworte, als Franz es gewohnt ist. Wie viele Zeitgenossen und Zeitgenossinnen neigt sie in der Natur und im Freundeskreis zu romantischen Schwärmereien. Sie will ihren Gefühlen nachgehen, das aber passt nicht in das vernunftbetonte Weltbild ihres Mannes. Die Ehe scheitert – und Franz tut, was er meint, nicht tun zu dürfen: Er verliebt sich in die

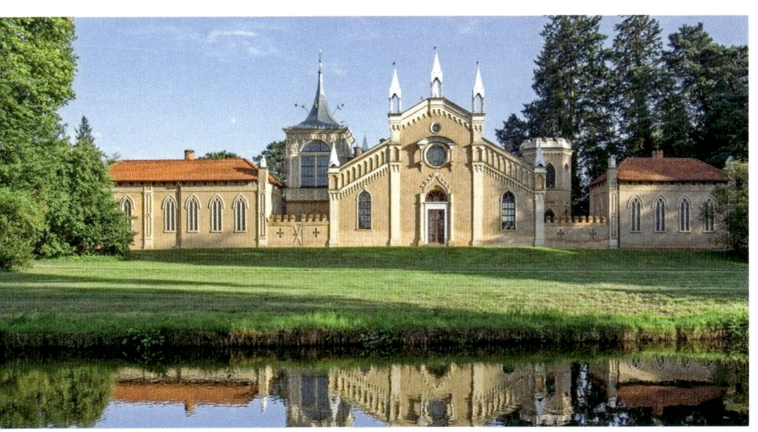

Gotisches Haus mit venezianisch inspirierter Fassade

bürgerliche Tochter seines Gärtners. Es ist ein Dilemma, in das ihn seine, wie er sagt, »böse Lust«, bringt – denn gleichzeitig gängelt er seine Untertanen mit strikten Sittenregeln. So sind wilde Ehen verboten und Männer dürfen erst mit 21 Jahren heiraten, damit sie zuerst einen Beruf lernen.

Franzens neue Lebensumstände verlangen eine neue Architektur. Im hinteren Eck des Parks baut Erdmannsdorff seinem Freund und dessen Geliebter ein Haus im neugotischen Stil. Mit seinen Spitzbögen erinnert es vage an die Palazzi vom Canal Grande in Venedig. Vom Wörlitzer Schloss aus ist das Gotische Haus zu sehen, nicht aber andersrum: So signalisiert der Fürst, als Landesherr habe er das Treiben des Privatmannes Franz im Blick und im Griff. Innen huldigt Franz als gläubiger Protestant Martin Luther mit Gemälden aus der Werkstatt von Lucas Cranach; zudem sammelt er hier all das, was im Schloss zu kurios angemutet hätte: mittelalterliche Glasmalereien, eine Ritterrüstung und Bilder, die zeigen, wie die alten Germanen einst die Römer im Teutoburger Wald schlugen. Im Vergleich mit dem klassizistischen Schloss wirkt das vormodern, und das ist Absicht: Seine Liebschaft hält Franz nicht für die höchste Stufe der Zivilisation, er will aber auch, wie er sagt, dem »Tier im Menschen« Raum und Recht einräumen.

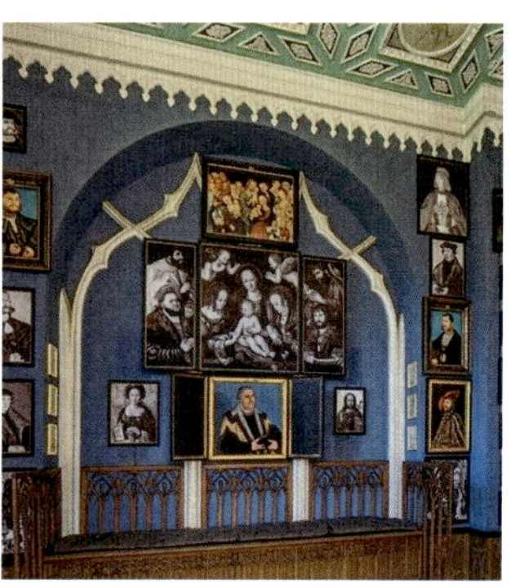

Virtuelle Rekonstruktion mit dem Fürstenaltar von Lucas Cranach im Gotischen Haus

Für noch eine Geheimniskrämerei eignet sich das Gotische Haus mit seinen triumphalen Germanenbildern: Von Zeit zu Zeit versammeln sich hier klandestin die kleinen Fürsten des Reichs, um zu besprechen, wie sie ihre Autonomie wahren können. Der bayerische Erbfolgekrieg ist 1779 mit einem Kompromiss zwischen Preußen und Bayern beigelegt worden, doch die Rivalität der beiden großen Mächte bleibt. Dabei ist allen bewusst: Das Zeitalter absoluter Herrschaft nähert sich so oder so dem Ende. Vielerorts hat sich ein selbstbewusstes Bürgertum herausgebildet, das im Sinne der Aufklärung Mitsprache einfordert. Doch weder die großen noch die kleinen Herrscher im deutschen Reich wollen ihre Macht abgeben. Sie bevorzugen es, das Volk mit sozialpolitischen Maßnahmen ruhig zu stellen und eine Kultur zu fördern, die dem aufgeklärten Geist entspricht.

Auf beides versteht sich Fürst Franz am besten. Er sieht sich als Landesvater, der seine Untertanen wie Kinder umsorgen, maßregeln und erziehen muss. Seine Schulen vermitteln auch Mittellosen humanistisches Bildungsgut. Juden genießen Religionsfreiheit, dürfen auch Bibliotheken und eine Zeitung betreiben. Arme werden systematisch in Tuchmanufakturen und im Gartenbau beschäftigt, damit sie nicht betteln und die öffentliche Ordnung stören. Wem es trotzdem nicht gelingt, sich nützlich zu machen, der wird allerdings mit anderen Kranken, Bedürftigen, Waisen und auch Kriminellen in eine Anstalt gesperrt. Die wohlhabenden Bürger sind derweil aufgefordert, sich am staatlichen Wohlfahrtssystem zu beteiligen. Die in Ansätzen versuchte Chancengleichheit reicht in Anhalt-Dessau bis in den Tod hinein: Auf dem von Landschaftsgärtnern gepflegten kommunalen Friedhof werden alle Toten ohne Grabsteine bestattet.

Es scheint, als ginge es auch ohne Revolution, ohne Bürgerbeteiligung, als müsse niemand nach Selbstermächtigung rufen, der solch einen Landesherren hat. Und so einen Garten. Wer will, kann hier die Weltgeschichte durchwandern, ohne nur einmal das Fürstentum zu verlassen. Dunkel und archaisch mutet ein Häuschen aus Baumwurzeln

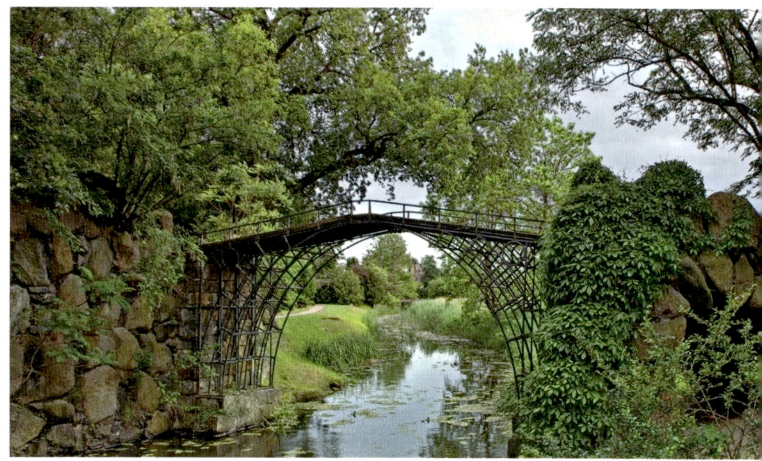

Eiserne Brücke

an, durch das der Weg führt. Auch die vielen Grotten im Park erinnern an den Beginn menschlicher Zivilisation. Einmal muss man den Kopf einziehen und sich durch einen engen, düsteren Tunnel zwängen, um schließlich auf dem felsenumschlossenen Betplatz eines fiktiven Eremiten zu stehen.

Wer sich eben noch als Höhlenmensch fühlte, schreitet im nächsten Moment luftig über eine der ersten Eisenbrücken im Land: Einsamkeit und Öffentlichkeit wechseln sich ab. Franz und Erdmannsdorff sind keine Nostalgiker, ihre Geschichtsbilder enden immer im Hier und Jetzt.

Auch nachdem die Revolutionäre 1789 das alte Regime in Frankreich gestürzt haben und der Feudalismus in ganz Europa nun in Frage steht, erfinden die Wörlitzer weiter ihr ideales Reich. Dass in Frankreich zur Feier der neuen Zeit eine bombastische klassizistische Revolutionsarchitektur wächst, beeindruckt sie nicht. Lieber erinnern sie sich an Winckelmanns Rom. Und gedenken des Gelehrten, der so gerne noch das Werk seiner Lieblingsschüler in Wörlitz gesehen hätte. Doch er wurde – schon Jahre zuvor – auf dem Weg dahin ermordet.

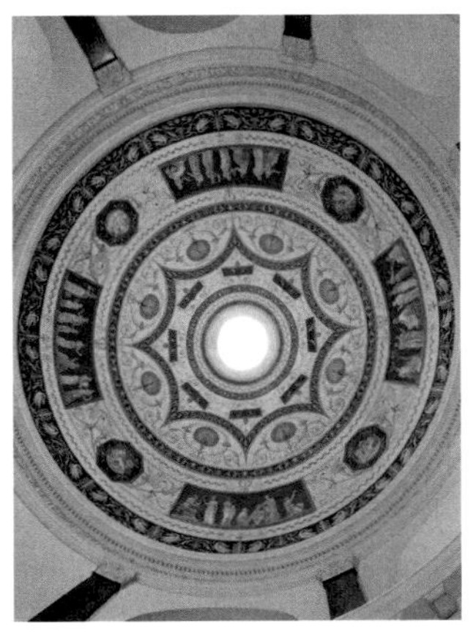

Pantheon

Zu seinem Gedenken errichten Franz und Erdmannsdorff im Norden der Anlage ein Pantheon. Grob erinnert die Rotunde mit einer kreisrunden Öffnung in der Dachkuppel an das große antike Vorbild in Rom, das seit der Renaissance als Grabeskapelle genutzt wird. Doch mit seinem roten Backstein ist es auch mit dem Gotischen Haus verwandt.

Das Innere erklärt die Kunstgeschichte frei nach Winckelmann. Während der noch vorsichtig andeutete, die griechische Kunst fuße auf der ägyptischen, so stellt Franz nun demonstrativ nachgebildete ägyptische Götterstatuen in das Kellergewölbe und aus Rom importierte griechische Musen darüber in den lichten, zentralen Saal. In der Kuppel schwebt auf einem Deckengemälde Minerva, die Göttin der Weisheit.

Nicht nur die Geschichte der Kunst und des Geistes vollendet sich hier scheinbar in voller Vernunft, sondern auch die der Natur. Das Pantheon lehnt an dem Elbdeich, den Franz nach Überschwemmungen gefestigt und erhöht hatte. Der Fürst setzt seine schönsten Bauten dem größten Risiko aus. Er will eben keine märchenhaft heile Welt erschaffen, sondern die zerstörerischen Kräfte der Natur zeigen und zähmen. So wie seine »böse Lust« einen Platz im Gotischen Haus gefunden hat, aber eingebettet wird in ein wohlgeordnetes Ganzes, so will er mit moderner Technologie und alter Kultur alle gottgegebenen Gefahren kanalisieren und eindämmen. In Sichtweite des Pantheons erhebt sich oben auf dem Deich der offene Rundtempel der Venus. Anstatt in den Garten blickt die Göttin auf die Elbauen, als könne sie dem nahenden Wasser durch Schönheit und Liebe Einhalt gebieten.

1794 reist Goethe wieder nach Wörlitz. Fürst Franz begleitet ihn auf einer Gondeltour über die Seen. Sie legen an der künstlichen Insel an, die sich nun auf rohen Steinbrocken aus dem Wasser erhebt. Im Bauch der Insel ist es dunkel, der Weg hinauf führt durch Grotten und Höhlen. In einem Gang stehen Urnen wie in römischen Katakomben. Ein anderer öffnet sich zu einer kleinen Kuppel, durch die

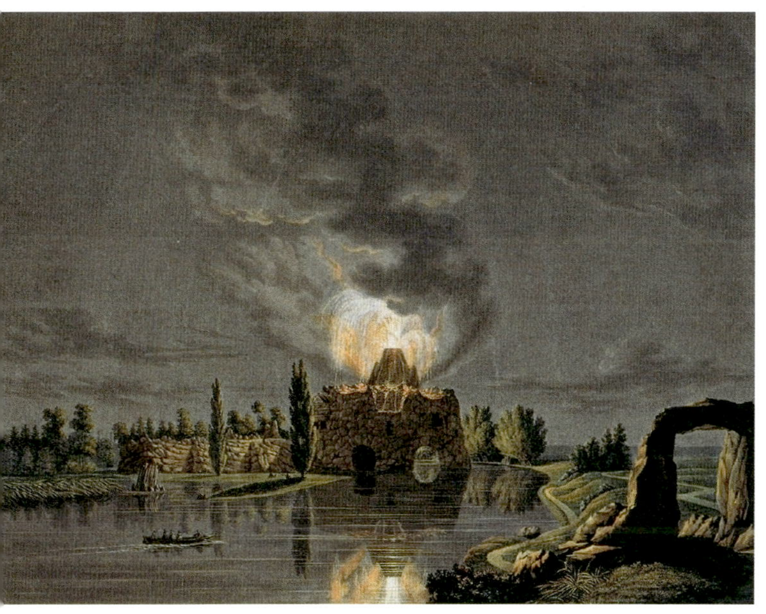

Der Stein zu Wörlitz, 1797, Aquatinta von Karl Kuntz

sternenförmig Tageslicht fällt. Der Parcours führt aus der Düsternis hinauf in die helle, aufgeklärte Gegenwart. Oben erstreckt sich, von außen nicht einsehbar, das offene Amphitheater, wie gemacht für Goethes Dramen.

Es geht noch höher, nun spitzt sich die Insel zu einem schillernden Krater zu: der neue Vesuv. Gelegentlich lässt der Fürst ihn ausbrechen, dann schleudert eine Pumpe Wasserschwälle aus seinem Schlund. Bunt erleuchtet strömen sie wie Lava den Berg hinunter. Feuerwerk erhellt den Nachthimmel, Dampf steigt auf. Vermutlich sieht auch Goethe bei seinem Besuch im Juli 1794 dieses tönende Schauspiel; er zeichnet den künstlichen Vulkan allerdings lieber bei Tage im Ruhezustand.

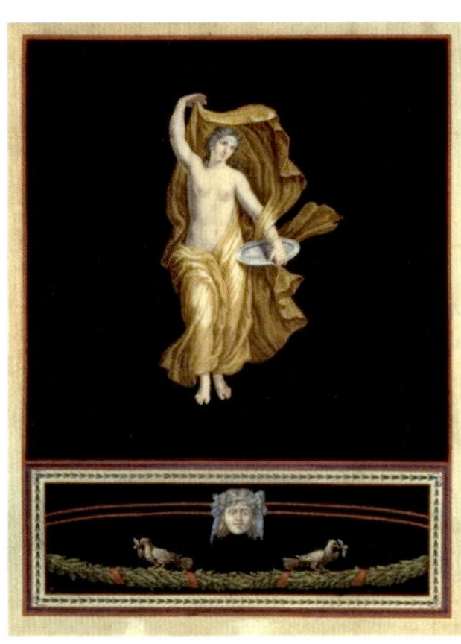

Tommaso Piroli empfand im Jahr 1790 diese Schwebefigur einer Wandmalerei aus Pompeji nach, zu sehen in der Villa Hamilton (Ausschnitt)

Ob Franz Goethe und seine anderen Gäste erschrecken will? Vielleicht. Sicher aber gewinnt er dem Vulkan etwas Gutes ab. Viele Naturwissenschaftler der Zeit glauben, Ausbrüche seien Ventile für unterirdische Winde, ohne sie würde die Erde irgendwann platzen. Ein Freund des Fürsten, der britische Vulkanologe William Hamilton, erforscht am Fuß des echten Vesuvs dessen Rhythmus. Wie viele Denker der Aufklärung ist er überzeugt, dass die zerstörerische Wucht eines Vulkans neues Leben erschafft.

So wachsen auch am Fuß des Wörlitzer Vesuvs auf der angeblichen Lava Blumen. Und in einem Nachbau von Hamiltons Villa oben auf der Insel sind Bilder wilder Tänzerinnen zu sehen, wie sie im Original kürzlich in Herkulaneum und Pompeji entdeckt worden sind. Ohne die Katastrophe im Jahr 79 nach Christus wären diese antiken Schönheiten verloren, meint Hamilton.

Wieder einmal hat das Böse einen guten Hintersinn, lässt sich einordnen in Franzens großes Weltentheater. In Wörlitz huldigen scheinbar alle Naturkräfte seinem aufgeklärten Fürstentum und die Künste sowieso.

Im Jahr 1800 stirbt Erdmannsdorff, 17 Jahre später auch Fürst Franz. Nun ist niemand mehr da, der das Wörlitzer Kunstreich ausbauen und erklären könnte. Die Aufklärer verlieren an der Parkanlage das Interesse, zu sehr verkörpert sie die Machtansprüche eines einzelnen Alleinherrschers. Und die deutschnationale Bewegung im 19. Jahrhundert fühlt sich zwischen all den römischen Göttinnen und venezianischen Villen nicht zuhause. Das Konzept erscheint nun einerseits zu lokal, andererseits zu international, um das Vaterland zu repräsentieren.

Bald ist vergessen, wie spielerisch sich Fürst Franz Natur und Kunst nutzbar machen wollte. Nur an Goethes Beschreibung des traumhaften Märchens eines kleinen Fürsten erinnern die Menschen sich noch lange, und im späten 19. Jahrhundert wird der Garten romantisches Ausflugsziel ohne politische Brisanz.

Da war der Klassizismus, den Erdmannsdorff und Franz nach Deutschland holten, längst staatstragender Stil. Der bayerische König Ludwig I. besuchte 1807 Wörlitz und rümpfte die Nase über all die zierlichen »Lächerlichkeiten«. Dann ließ er bis 1842 die Walhalla bei Regensburg bauen, einen Gedenktempel im Stil des Athener Parthenons, der den Aufstieg der Kulturgeschichte bis hin zur Antike feiert. Uneingestandenes Vorbild dieses Konzepts ist dann doch das Wörlitzer Pantheon. Die von dem Baumeister Leo von Klenze errichtete Walhalla aber soll nicht wie die Wörlitzer Architektur das Publikum sittlich bilden, sie will mit ihren Büsten berühmter Deutscher das patriotische Bewusstsein schärfen.

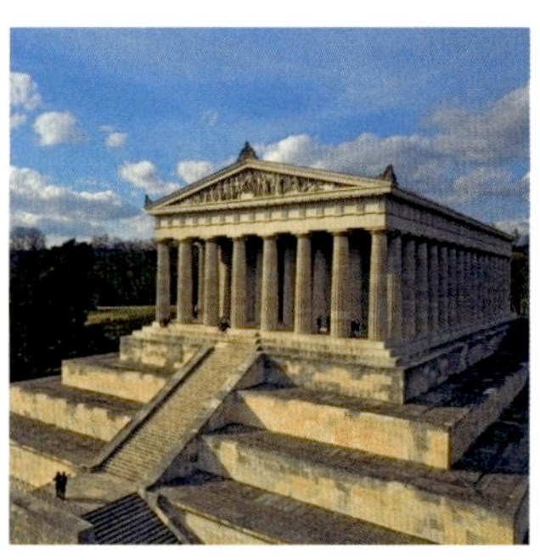

Walhalla bei Regensburg

Die altgriechische Bauweise ist nun das Größte, je strenger, desto besser. Ionische, dorische oder korinthische Säulen unter imposanten Vorbauten behaupten Standfestigkeit. Die reine Form zelebriert Klenze in der Münchner Glyptothek, dem Museum für antike Kunst, einem harten Steinriegel von großer Ernsthaftigkeit. Er folgt damit Karl Friedrich Schinkels Neuer Wache in Berlin, einem Ehrentempel für gefallene Kämpfer. Auf ihrem großspurigen Giebel erhebt sich die Siegesgöttin als Schlachtenlenkerin. Ehrfurcht gebietet der deutsche Klassizismus nun; wuchtig beansprucht er deutsche Ewigkeit im griechischen Gewand.

Keine Frühlingsgöttin streut mehr Blumen, kein Herkules lässt betrunken Wasser. Was an antiken Originalen im Laufe der Zeit zu Bruch ging, das wird nicht mehr behutsam nachempfunden wie noch die unvollständigen Fensterrahmungen des Wörlitzer Schlosses. Jetzt glänzen die Fassaden perfekt. Für Widersprüche ist kein Platz mehr. Gärtnerstöchter bekommen keine geschwungenen Paläste, das Elbhochwasser taugt nicht mehr als Kulisse, und nach einem verschwenderisch brodelnden Vulkan und anderen Scherzen steht den Herrschern nicht der Sinn. Der verspielte Idealstaat nach Wörlitzer Modell hat abgedankt. Jetzt wird Realpolitik gemacht, und die sieht aus wie eine säulenbewehrte Trutzburg.

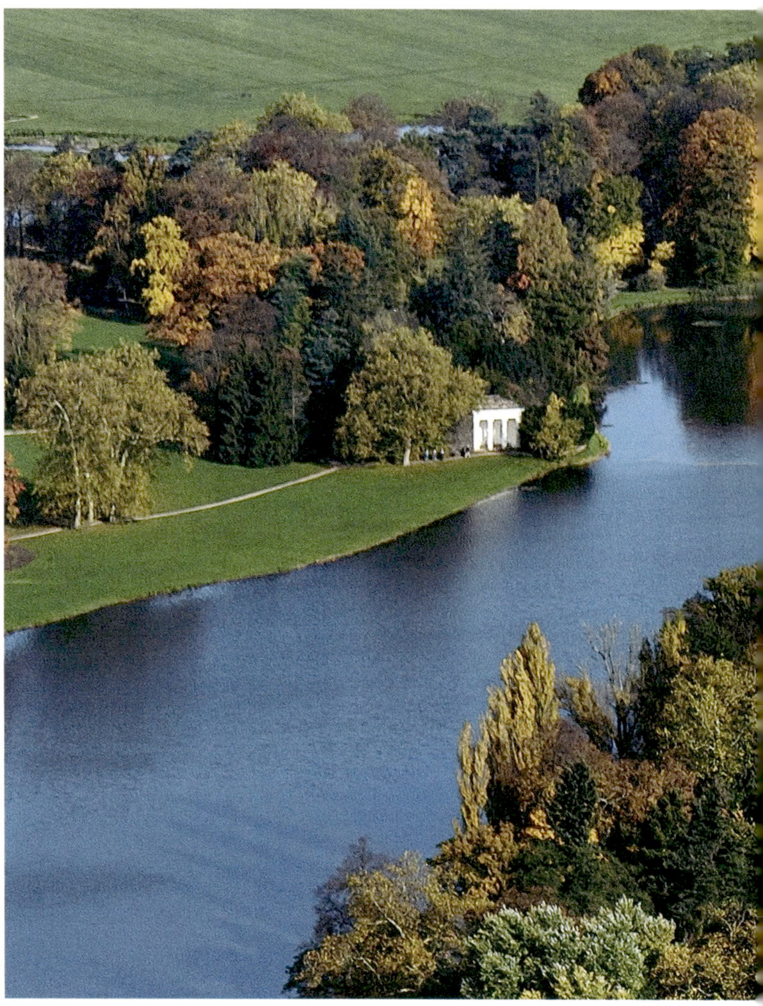

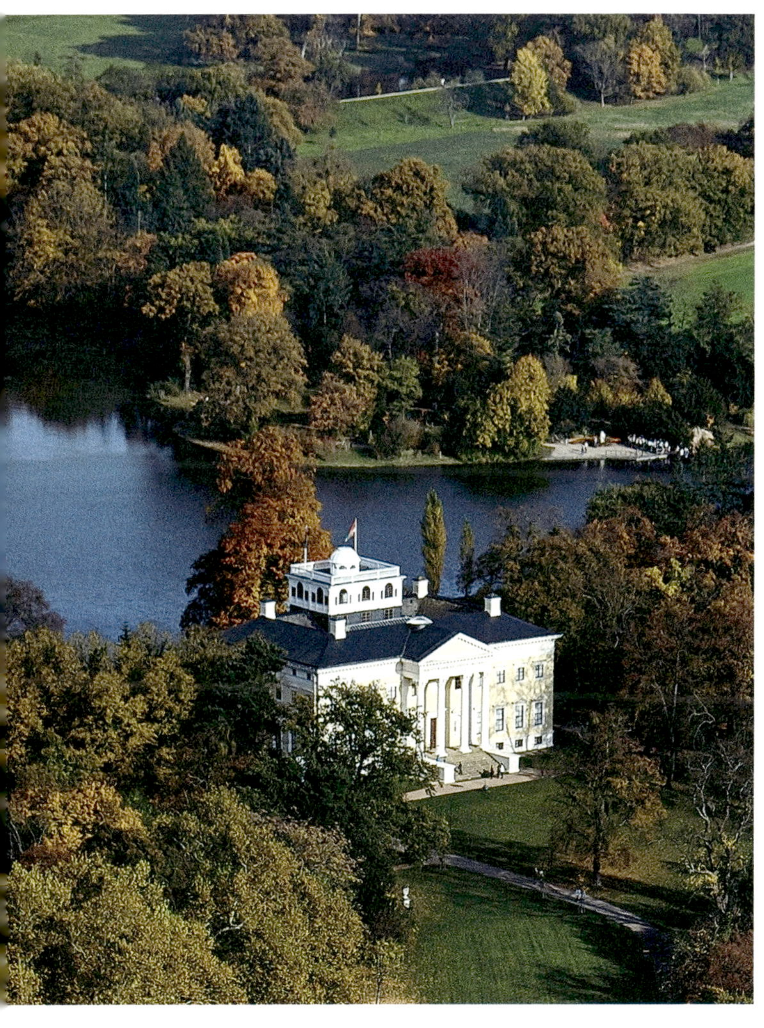

Spaziergänge durch den Wörlitzer Park

Im Süden

Ein Schloss, im 18. Jahrhundert – das sollte geschwungen sein und sich um eine mächtige Treppe winden. Es sollte eine feierwütige Hofgesellschaft und ihre Bediensteten vom Chefkoch bis zum Brotkrumenaufsammler aufnehmen, mit Sälen zum Antichambrieren, Zimmerfluchten zum Intrigenspinnen und immer wieder Plätzen zum Posieren. Erhaben sollte es über einem akkuraten Garten thronen, jeden geometrisch geschnittenen Busch sollte man von seinen Fenstern aus erblicken. Ausladend müssen die Fassaden sein, nicht einladend.

Müde von all dem Spätbarock und Rokoko, von bedeutungslos gewordenem Prunk und einer Ikonografie des Herrschens um des Herrschens willen, sind in Wörlitz zwei Männer: der Architekt und Architekturtheoretiker Friedrich Wilhelm von Erdmannsdorff und Leopold III. Friedrich Franz Fürst von Anhalt-Dessau. Auf ihren Italienreisen haben sie weniger den Barock als die Antike gesucht und gefunden; jetzt wollen sie das Gelernte in dem überschaubaren Fürstentum umsetzen. Klare Formen, kein Tamtam, das Schlichte ist das neue Schöne, so lautet der Plan.

In Wörlitz muss das kleine, erst 70 Jahre zuvor fertig gestellte Barockschloss dran glauben; es wird zusammen mit mehreren Nachbarbauten abgerissen. Nur die Linden drum herum bleiben stehen und werden nun nicht mehr in Form geschnitten, um natürlicher zu wirken. In den Jahren 1769 bis 1773 wächst auf der Freifläche – die Abrisse haben für Abstand zum Ort gesorgt – nun etwas, das es in Deutschland noch nicht gab: ein klassizistisches **Schloss** nach dem Vorbild zeitgenössischer englischer Architektur und des wohlproportionierten Stils des 1580 gestorbenen italienischen Architekten Andrea Palladio.

So bescheiden wirken wie ein größeres Landhaus will das Gebäude. Nicht zum Park hin wendet es sich, sondern zum Ort, mit breiter Treppe vor viersäuligem Portikus. So, als sei das hier ein zugängliches Bürgerhaus. In der Eingangsrotunde setzt eine Figur des Gottes Apoll die Maßstäbe: Wissenschaft, Bildung und Sinn für Schönheit sind Programm. Auf einer Ebene lebt das Fürstenpaar, zudem finden sich hier einige seiner Gesellschaftsräume. Im nächsten Stock ist Platz für Familien- und Hofangehörige, darüber wohnen die Bediensteten. Eichenholzstiegen verbinden die Geschosse. An machtvollen Inszenierungen mag der Baumeister sparen, nicht aber an Zitaten in Türen, Friesen, Kaminen, Fenstern und Möbeln: Von Bauten im alten Rom bis zum britischen Interieur und zu chinesischem Formenrepertoire ist alles vertreten, was die Lehrbücher und Reiseerfahrungen der Zeit hergeben. Und die technische Ausstattung des Hauses ist avanciert: Das Wasser lässt sich über mehrere Etagen hinweg hochpumpen, Getränke kühlt ein modischer Eisschrank und mit Kurbeln betriebene Aufzüge erleichtern den Bediensteten den Transport von Feuerholz für die tragbaren Öfen.

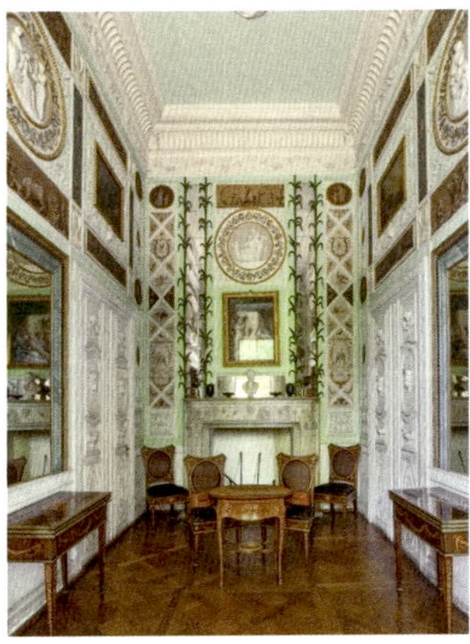

Das Kabinett der Fürstin

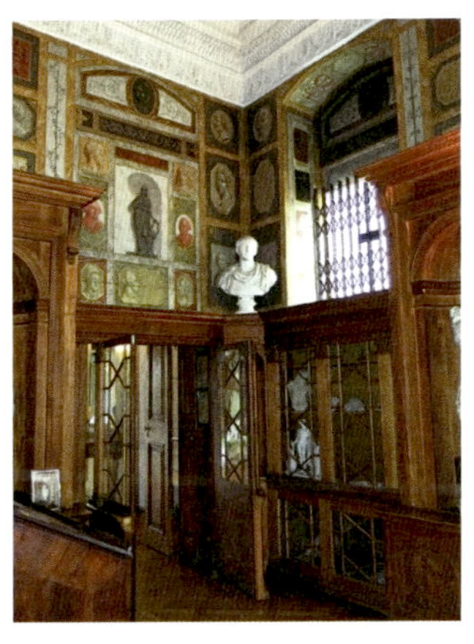

Blick in die Bibliothek im Schloss

Nostalgischer mutet die künstlerische Ausstattung an. Auf Decken und Wänden lässt der Fürst Erinnerungen an seine eigene Grand Tour pinseln; den Festsaal zieren Kopien nach Agostino und Annibale Carraccis um 1600 entstandenen Mythologien. Franz hatte sich in Italien auch vorsorglich mit Plastiken eingedeckt: Sowohl kleine Bronzen als auch große Marmorskulpturen sind im Schloss ausgestellt, aber auch günstigere Gipskopien.

Auf der Kommode im Schlafzimmer des Fürsten steht die Antike, die ihn besonders erfreut: ein wankender Herkules aus dem ersten Jahrhundert, geformt nach griechischem Vorbild aus dem dritten vorchristlichen Jahrhundert. Eine ironische Antwort darauf ist im Schlafzimmer der Fürstin Louise zu sehen: Einen Möbelfuß ziert ein Putto, der siegreich Keule und Löwenfell des Herkules davonträgt – weil die Liebe stärker ist als das Heldentum. Und als ginge es darum, die Seriosität dieses Herrscherpaars noch einmal zu betonen, liegt zwischen den beiden Schlafräumen eine **Bibliothek**, gegliedert in Bände zu Dichtung, Geschichte, Philosophie und Theologie sowie zu Jura und Sittenlehre.

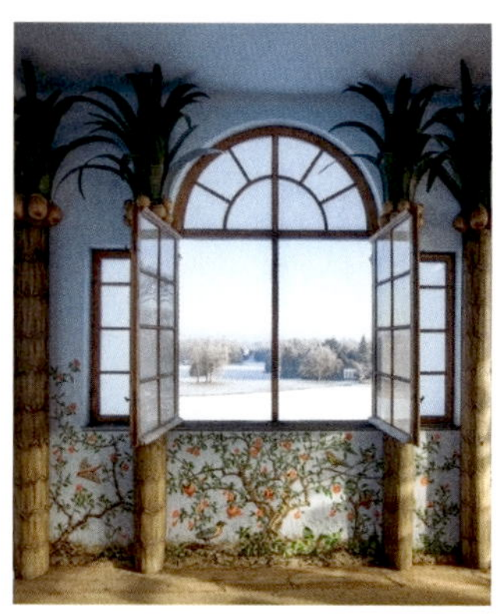

Palmensaal

Frei von so viel Bildungslast erscheint der luftige **Palmensaal** im Obergeschoss mit seinen fröhlichen Granatapfel-und-Vogel-Malereien. Eine schmale Wendeltreppe führt von hier auf die Dachterrasse, die einen noch besseren Blick über das Gartenreich erlaubt. Das erste klassizistische Schloss des Landes ist nur der Beginn des Wörlitzer Projektes. Franz hat Größeres vor; er will die Natur selbst auf die Bühne bringen und sie mit der Kunst versöhnen.

Und mit der Religion. Nicht nur die alte Kirche **St. Petri** von Wörlitz bekommt zwischen 1805 und 1809 (der Gotik-Skeptiker von Erdmannsdorff ist schon tot) mit viel Backstein ein neugotisches Aussehen; auch eine zylinderförmige **Synagoge** in Sichtweite lässt Franz zwischen 1787 und 1790 errichten, noch mit der Hilfe von Erdmannsdorffs. Der Ort und seine Gotteshäuser aber erfüllen vor allem einen Zweck: Ihre Silhouetten dienen dem Park als Kulissen. Alles ist ausgerichtet auf die Gewässer, die Inseln, das Grün. Eine **Muschelnymphe** am Wörlitzer Ufer grüßt das Gartenreich, am besten nimmt der Gast gleich eine Gondel oder die Amtsfähre und begibt sich mitten hinein.

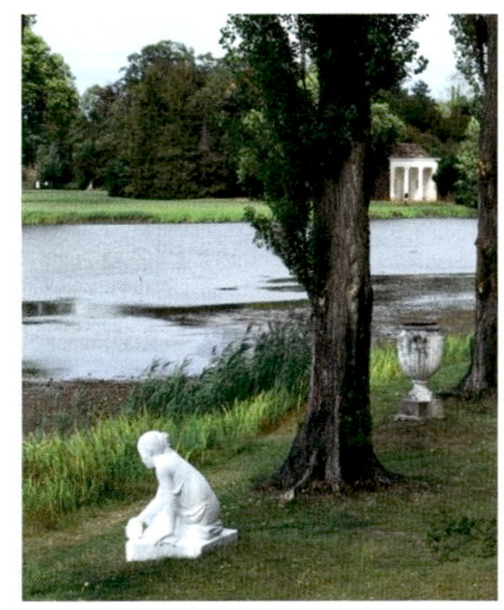

Muschelnymphe

Vielleicht hat man gerade sein Auto abgestellt, war ein Eis essen oder hat den an dieser Stelle ungewohnt anmutenden Zuckerwatten-Trubel eines Straßenfests bestaunt. An der Ausfallstraße vom westlichen Ortskern nach Dessau liegt **Neumarks Garten**, der so heißt nach seinem ersten Gärtner, dem 1741 geborenen und 1811 gestorbenen Johann Christian Neumark. Zu Zeiten von Fürst Franz war hier ein Wirtschaftsgarten, schließlich sollten sich in der Wörlitzer Anlage im Sinne des antiken Horaz das Schöne und das Nützliche gewinnbringend ergänzen. Der Fürst hatte dafür Bürgergärten aufkaufen lassen. Noch bis ins frühe 20. Jahrhundert beherbergte Neumarks Garten Baumschulen; heute werden in einem Teil wieder einige historische Obstsorten angebaut. Ein kleiner Kanal im Südwesten macht aus dem gesamten Grundstück eine Insel; ein Deich rundum schützt sie. Das ist auch nötig: 1771 richtete ein gewaltiges Hochwasser schlimme Verwüstungen an.

Den Zugang zu der Insel hinter all den Schutzmaßnahmen zu finden, erfordert Geduld. Ausschau halten muss man nach einem künstlichen, rötlich braunen Felsengebilde namens **Eisenhart** – das Material ist ein beinahe vulkanisch anmutender Raseneisenstein. Eisenhart bildet die von außen nicht einsehbare Brücke, dazu gehören zwei Pavillons des Chefarchitekten von Erdmannsdorff. Eine Pergola führt zur antikischen Skulptur eines Knaben.

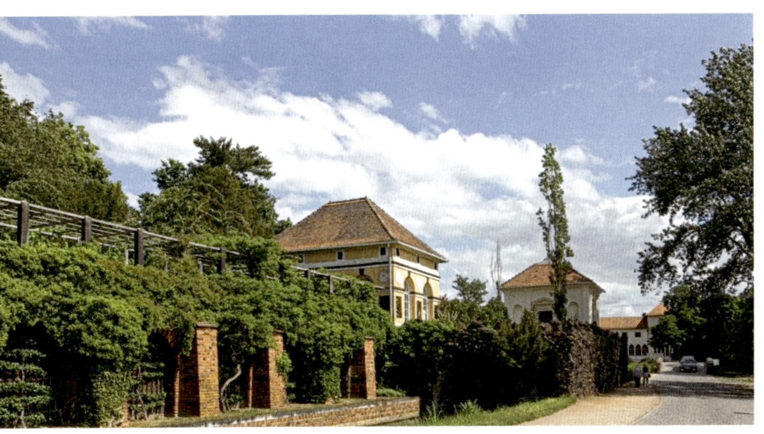

Eingang zu Neumarks Garten mit dem Südseepavillon auf Eisenhart

So richtig beginnt das Suchen aber erst danach. Besucherin und Besucher finden sich in einem **Labyrinth** wieder, in den Jahren 1783/84 angelegt. Mit den verspielten, manchmal etwas bösartigen älteren Labyrinthen der Barock- und der Rokokozeit hat dieses nur noch die undurchsichtigen, hochgewachsenen Hecken gemein. Früher war das Ziel, die Herumirrenden Demut zu lehren und den Kontrollverlust auszuhalten, den der Mensch in den von innen unübersehbaren Winkeln, Kreisen und Rechtecken erleidet. Das Wörlitzer Labyrinth dagegen verfolgt einen pädagogischen Ansatz. »Wanderer, wähle Deinen Weg mit Vernunft«, mahnt eine Inschrift gleich zu Beginn. Es geht durch schmale Gänge im Gehölz und in Grotten, bald steigert die nächste Inschrift die Spannung: »Hier wird die Wahl schwer, aber entscheidend«.

Den Weg der Tugend soll man also finden und läuft dann doch erst einmal einer Venus Lamia in die Arme, einer Venus mit Gans, die einen necken will, aber nicht heraushelfen mag aus dem Irrgarten. Würde der Gast sich jetzt weiter einen Weg bahnen, fiele er wohl ins Wasser. Also zurück zu der bescheidenden Abzweigung, die man nicht eingeschlagen hatte. Sie führt durch das Dunkle auf eine Lichtung, die sie hier – wie auch schon in britischen Gärten der Zeit – etwas pathetisch **Elysium** nennen, was in der Antike die Insel der Seligen oder den Zustand des vollkommenen Glücks meinte. Der ursprüngliche Plan war, dass vom Wörlitzer Elysium aus einmal das Grab des Fürsten zu sehen sein würde; schließlich sollte das Labyrinth auch eine Metapher auf seinen Lebensweg sein. (Beigesetzt wurde das Fürstenpaar allerdings schließlich in einer Kirche nahe dem abseits gelegenen Luisium). Dafür, dass er in der Liebe nicht immer den eigenen strengen Prämissen folgte, hatte Fürst Franz sich selbst am meisten gescholten, nahm aber für sich in Anspruch, trotz einer langjährigen außerehelichen Beziehung den Pfad der Tugend alles in allem nicht verfehlt zu haben. So dass er sich die Orangenbäumchen im Wörlitzer Elysium dann eben doch verdient hatte.

Johann Wolfgang von Goethe hielt sich mit Moralisieren weniger auf; ihm schienen das Elysium oder die Elysischen Gefilde ganz allgemein eine Metapher für höchstes Wohlbefinden. Im Frühjahr 1778 schrieb er bei einem seiner vielen Wörlitzbesuche an seine Freundin Charlotte von Stein: »Mich hats gestern Abend wie wir durch die Seen Canäle und Wäldgen schlichen sehr gerührt wie die Götter dem Fürsten erlaubt haben einen Traum um sich herum zu schaffen. Es ist wenn man so durchzieht wie ein Mährgen das einem vorgetragen wird und hat ganz den Charackter der Elisischen Felder in der sachtesten Manigfaltigkeit fliest eins ins andre, keine Höhe zieht das Aug und das Verlangen auf einen einzigen Punckt, man streicht herum ohne zu fragen wo man ausgegangen ist und hinkommt. Das Buschwerck ist in seiner schönsten Jugend, und das Ganze hat die reinste Lieblichkeit.«

Diese Ziellosigkeit und Vielfalt freilich verkörpert Neumarks Garten in Wörlitz am wenigsten. Während die Gesamtanlage davon lebt, dass Gäste wie Goethe herumstreunen und sich überraschen lassen dürfen, kommt die Insel im Südwesten erzieherisch und planvoll daher; nicht verschwenden möge der Mensch sein Leben, sondern Obst anbauen und zum Licht streben.

Man kann dieser Ambitioniertheit nun schnellstens mit einer der beiden Fähren entkommen, die einen (außer im Winter) von Neumarks Insel wegbringen, nach Norden oder Osten. Oder man lässt sich eben ein bisschen gängeln, folgt den Wegen und entdeckt dann doch ein Vogelnest, einen nicht geplanten Trampelpfad, das Spiel der Wolken über dem Schloss in der Ferne. Und sieht plötzlich, ganz nah, westlich, ein weiteres Inselchen. Eine Toteninsel. Keine Zypressen wie die Friedhöfe in Italien trägt sie, son-

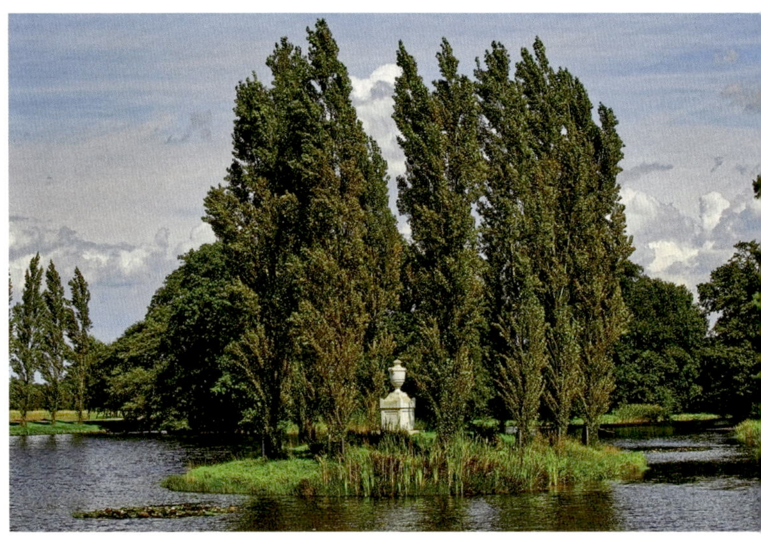

Rousseau-Insel

dern zierliche Lombardische Pappeln. Sie geben den Blick frei auf einen weißen Sockel mit Urne. Entworfen hat das Denkmal Friedrich Wilhelm von Erdmannsdorff. 1778 war der Aufklärer Jean-Jacques Rousseau in der Nähe von Paris gestorben und in einem Sarkophag beigesetzt worden. An ihn soll die Urne auf der **Rousseau-Insel** erinnern.

Das Fürstenpaar hatte den Philosophen in Paris kennengelernt. Dessen Kritik an der westlichen Zivilisation und seine Schwärmerei für den vermeintlichen Naturzustand der Menschheit beeindruckten Franz und Louise; sie

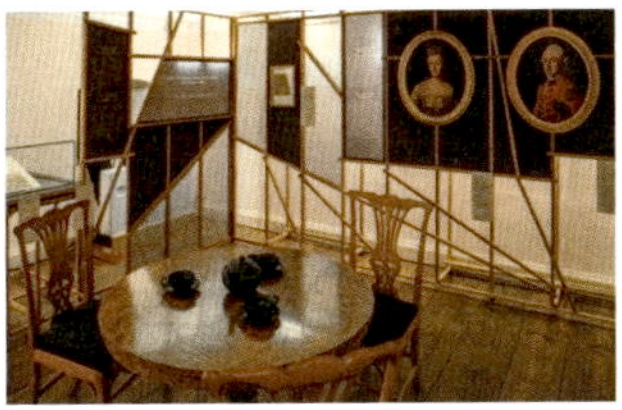

Georg-Forster-Dauerausstellung im Wörlitzer Schloss

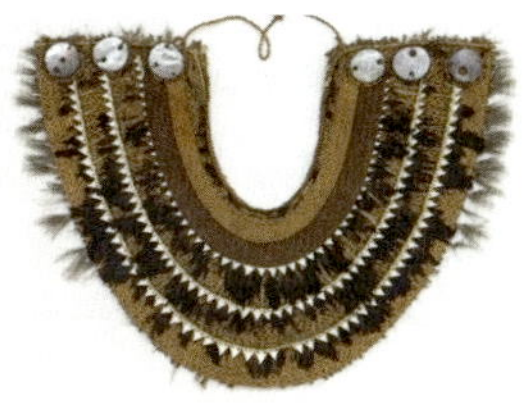

Brustschmuck (taumi) aus der Sammlung

interessierten sich für indigene Kulturen. So waren sie in Kontakt mit Johann Reinhold und Georg Forster, Vater und Sohn, die den Weltensegler James Cook auf seine Südsee-Expeditionen als Naturforscher und Chronisten begleitet und Exponate gesammelt hatten. 1779 besuchte der jüngere der beiden Forscher Wörlitz und wurde vom Fürsten herzlich empfangen. Zu dem Zeitpunkt besaß der Fürst bereits eine **Sammlung von Südseeobjekten** der Forsters, die meisten von der südpazifischen Inselgruppe Tonga, einige aus Tahiti und Neuseeland. Georg Forster katalogisierte diese vor Ort; erhalten sind Gebrauchsobjekte wie Kämme, Tintenfischköder, eine Nackenstütze und eine Kokosfasertasche und kulturelle Artefakte wie eine Flöte, Requisiten für Tänze und eine Halskette aus Vogelknochen.

Glaubt man den Notizen der beiden Forscher, so erwarben sie die Dinge im Tausch, etwa gegen Nägel oder Kleidung. Wobei viele Menschen aus Polynesien zum ersten Mal auf Europäer trafen und wohl eher deren Bedingungen zu akzeptieren hatten als anders herum. Überliefert ist auch, dass Johann Reinhold Forster, ein Choleriker, Einheimische mit dem Gewehr bedrohte oder sie schlug, wenn er meinte, bestohlen oder betrogen worden zu sein.

Dank der Liste des jüngeren Forster und der ausführlichen Reiseberichte ist die Sammlung besser erforschbar und erforscht als viele spätere ethnologische Sammlungen in Deutschland. Fürst Franz ließ ihr sogar ein eigenes Museum errichten: Einer der beiden Pavillons auf der Eisenhart-Brücke am Eingang zu Neumarks Garten war Forsters Stücken gewidmet, die hier in vier gläsernen Eckschränken zu besichtigen waren. Heute sind die erhaltenen Stücke von Franzens historischer Südseesammlung der Forsters im Schloss Wörlitz zu sehen.

Für die Zeit war das Ausstellungshaus außergewöhnlich; der Pavillon war damit auch ein Ausgangspunkt für die Musealisierung ferner Kulturen in Deutschland. »Kühlkammern weißer Wißgier« nennt der Kunsthistoriker Carl Einstein im Jahr 1926 Sammlungen, die das kulturelle Erbe anderer Völker einerseits bewahren, andererseits auch einfrieren und es den Menschen der Herkunftsländer entfremden – was im großen Maßstab vor allem im späten 19. und frühen 20. Jahrhundert zu beobachten war.

Das Herrscherpaar im ausgehenden 18. Jahrhundert wollte nicht nur die Fremde, sondern auch seine eigene Umgebung systematisch erfassen und präsentieren: Der zweite Pavillon auf Eisenhart beherbergte zu Zeiten des Fürstentums eine Bibliothek mit allem Wissenswerten zum heimischen Gartenbau.

Die Landschaft, die sich nordöstlich des Ortes Wörlitz anschließt, wirkt ein wenig karg: Braun gefurchte Ackerflächen ohne Erhebung lassen den Blick des Gastes eher ziellos schweifen, als dass sie ihn einfangen. Aber Italien ist überall, und in Wörlitz erscheint auch eine weibliche Liegefigur in einer Grotte, die Quellnymphe **Egeria**, am rechten Platz. Sie markiert den ansonsten unbewachten Eingang in den Park und den Beginn des Sees. Man kann jetzt zu einem Uferspaziergang ansetzen oder aber den vielleicht eigentümlichsten Ort des Gartenreiches erkunden: die **Insel Stein**.

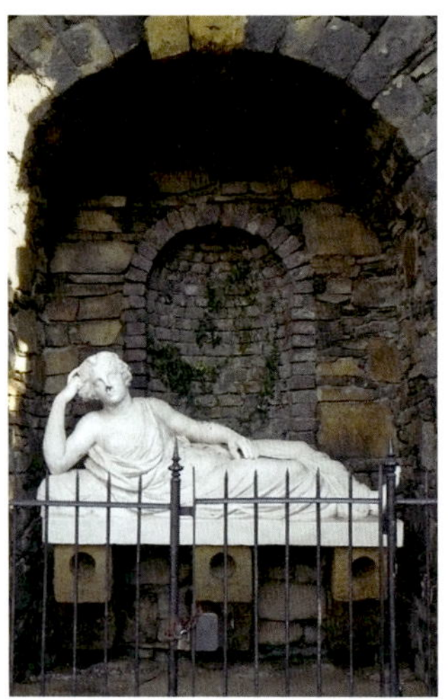

Grotte der Quellnymphe Egeria

Sie ist den Impulsen des britischen Diplomaten William Hamilton zu verdanken, der am Hof von Neapel sein Königreich vertrat, sich aber vor allem geologischen Studien und der Antike widmete. Im Jahr 1766 führte er Fürst Franz auf den Vesuv und steckte ihn mit seiner Vulkanmanie an. Rund zwei Jahrzehnte später, ab 1788, ließ der Anhaltiner Findlinge sammeln, um am Rande des Wörlitzer Sees über einem gemauerten Backsteinkern einen Hügel aufzutürmen, der mit etwas Fantasie den Konturen des Vesuvs ähnelte. Kleine Türmchen aus sächsischem Basalt imitieren eine vulkanische Landschaft; bald wurde aus dem Gebilde durch Aushub der umliegenden Erdmassen eine Insel.

Das rund 1000 Quadratmeter messende Eiland dient nicht nur dem technisch damals höchst avancierten künstlichen Vulkankrater, der im Sommer immer noch gelegentlich raucht, stinkt und explodiert, begleitet von einem Wasserfall. Es ist zugleich ein eigentümliches Bauwerk. Im Inneren seines dunklen Bauchs streift die Besucherin, der Besucher durch Höhlen und Gänge, nimmt Stufen, staunt über wunderliche Ideen wie das schummrige **Kabinett der Nacht**, in das nur wenig Licht durch kleine sternförmige Öffnungen und ein Oberlicht einfällt. Bewohnt wird das Kabinett von einer einsamen Vestalin aus Gips (weitaus nüchterner daher kommt der Schwestersaal, das unvollendete Kabinett des Tages).

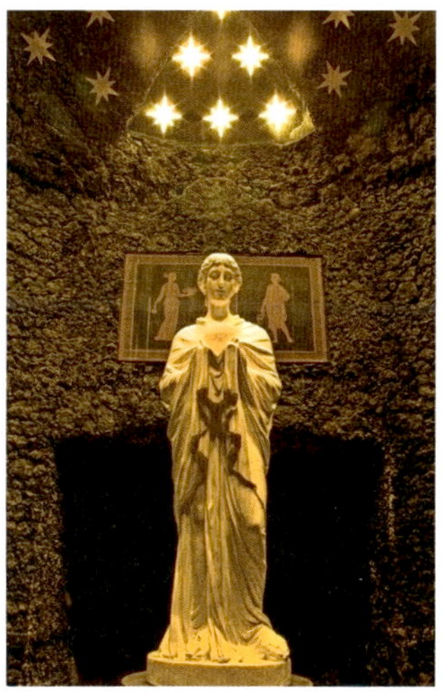

Kabinett der Nacht

Irgendwann landet man auf einem unterirdischen Begräbnisplatz, in dessen Wandnischen Fürst Franz frühgeschichtliche Gefäße und leere Urnen aus der Umgebung aufbewahrte. Zurück am Licht, wachsen Feigenbäume und

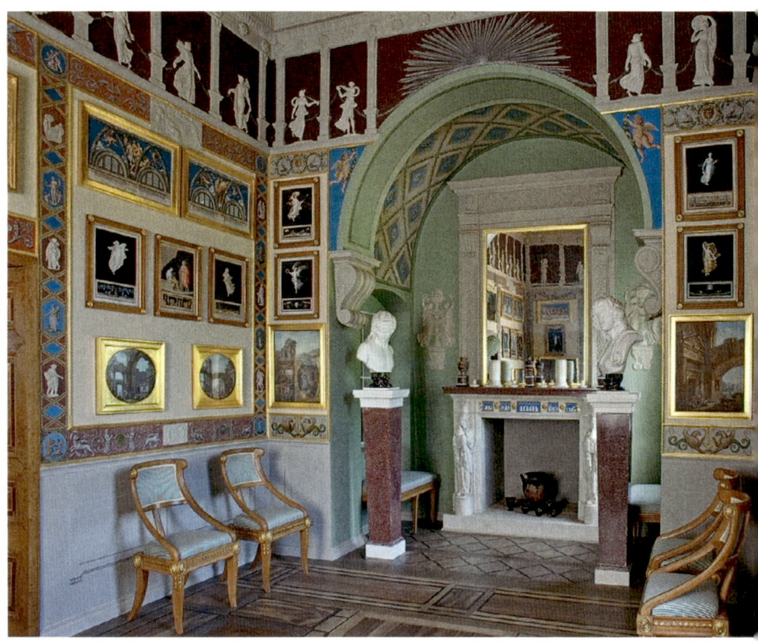

Das Kaminzimmer der Villa Hamilton

Agaven; die Insel verkleidet sich südländisch. Dass dann auch ein – heute manchmal noch bespieltes – rundes Freilufttheater eingebaut ist, fügt sich ins Bild. Der Bauherr

Fürst Franz kannte bei der Insel Stein kein Halten; am Ende teilte er seinem Biografen Friedrich Reil selbstkritisch mit: »Es ist doch ein verfehltes Werk, etwas Anderes geworden, als ich eigentlich wollte; zu Viel und zu Verschiedenartiges auf engem Raum; ich musste mehr Platz haben.«

Nicht nur die Kräfte der Natur imitiert die Insel Stein, auch der menschengemachten Antike huldigt sie. Auf halber Höhe thront ein weiß gerahmtes rotes Haus: **die Villa Hamilton**, errichtet von Friedrich Wilhelm von Erdmannsdorff, der auch die Möbel entwarf. Vorbild der kleinen Villa waren Sir Hamiltons Villa Emma an der Küste Neapels sowie Pompeji und Herculaneum, die antiken Stätten, die Gebildete im späten 18. Jahrhundert faszinierten. So finden sich allerlei antikische Figuren an den Wänden, vorzugsweise leicht bekleidete Tänzerinnen. Das passte auch deshalb, weil Sir Hamiltons rund 25 Jahre jüngere Gattin Emma die Figuren und andere weibliche Heldinnen der Geschichte und Mythologie nachzutanzen pflegte.

Emma war eine lebende Legende im 18. Jahrhundert. Geboren wurde sie um 1765 als Tochter eines britischen Hufschmiedes, damals hieß sie noch Amy Lyon. Der Vater starb kurz nach der Taufe, die Mutter verdingte sich als Dienstmagd. Auch ihre Tochter ergriff als Jugendliche notgedrungen diesen Beruf, interessierte sich aber eigentlich für Schauspiel und Musik und tat sich in London bald in halbseidenen Etablissements um. Sie fand vermögende Liebhaber, tanzte für sie angeblich nackt auf Tischen und fiel dem britischen Maler George Romney auf, der sie mit seinen Porträts berühmt machte. Als sie schwanger in finanzielle Not geriet, traf sie ein Arrangement mit einem Adeligen und brach alle vorigen Kontakte ab, um als Emma Hart seine Mätresse zu werden. Dann aber plante der Adelige eine Heirat mit einer bessergestellten Frau und schob die Freundin nach Neapel zu seinem Onkel William Hamilton ab, den Gesandten der britischen Krone.

Ihr Protest wurde nicht gehört, schließlich ließ sie sich auf den älteren Diplomaten ein und nutzte die Situation, um Gesangsunterricht zu nehmen und Italienisch und Französisch zu lernen. Lesen und Schreiben fielen ihr eher schwer, die bildende und die darstellende Kunst aber leicht. Intensiv beschäftigte sie sich mit der Antiquitäten- und Kunstsammlung ihres Partners und stellte die Motive auf Salonabenden in Tableaux vivants, lebenden Bildern, nach. Mal war sie Kleopatra, mal eine Bacchantin, meistens nur in dünne Schleier gehüllt. Ihre expressive, gefühlsstarke Mimik, ihr dramatisches Talent und ihre Zwanglosigkeit machten Furore in der besseren Gesellschaft, auch Goethe sah Emmas Darbietungen in Hamiltons Villa von Neapel, kritisierte die Protagonistin allerdings als »geistlos«. Sein Vertrauter, der Maler Johann Heinrich Wilhelm Tischbein, nannte die Hausherrin »eine Schönheit, die man selten sieht und die schönste, die ich in meinem Leben gesehen habe«.

1791 heiratete das Gastgeberpaar; William Hamilton hatte für diese unstandesgemäße Verbindung eigens die

Genehmigung des britischen Königs Georg III. eingeholt. Emma Hamilton begann dann neben der Ehe und wohl mit Billigung des Gatten eine Beziehung mit dem britischen Admiral und Kriegshelden Horatio Nelson, richtete Feste für ihn aus und sorgte für ihn. Sie bekamen eine Tochter. Doch die doppelte Absicherung über zwei einflussreiche Männer konnte die aus armen Verhältnissen aufgestiegene Emma Hamilton nach dem Tod der beiden nicht vor einem Abstieg in Armut, Einsamkeit und Alkoholismus bewahren.

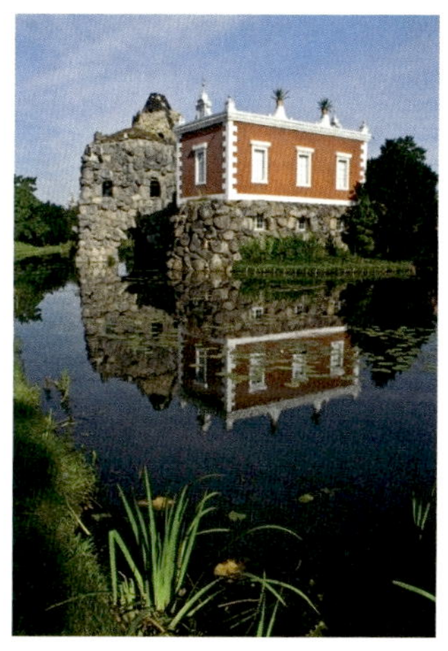

Insel Stein mit Villa Hamilton

Lady Hamiltons Andenken wird wohl am besten in Wörlitz bewahrt, Fürst Franz und seine Frau Louise begegneten dem Star bewundernd und ohne alle Missgunst. Das Mondäne, Weltläufige und Freigeistige beeindruckte das Paar aus der deutschen Provinz. Die drei inzwischen sorgfältig instandgesetzten Räume der Miniaturvilla auf der Insel Stein betonen das Antikische von Emmas Auftritten und die Verbindung des Ehepaars Hamilton zum Vesuv. Das **Kaminzimmer** beherbergt Vasen aus der Sammlung des Briten, die Bilder an den Wänden empfinden antike Fresken nach, die Decke handelt vom Vulkan. Gouachen zeigen Ruinenbilder. Ein weiteres Zimmer, in freundlichem Grün gehalten, versammelt Kupferstiche italienischer Landschaften, ergänzt durch Anspielungen auf das Amsterdamer Rathaus als Hort der Bürgerlichkeit. An den roten Wänden des Mittelraums schließlich lassen sich die Italienreisen des Fürsten nachvollziehen, zu sehen sind Ansichten aus Venedig, Neapel und Paestum.

So erzählt die Insel Stein von der deutschen Sehnsucht nach Italien, nach der Erfahrung einer tiefgehenden Verbindung von Vergangenheit und Gegenwart, nach Leichtigkeit und Freiheit. Das war nicht denkbar ohne die Annehmlichkeiten des Fortschritts; schließlich machte erst Technik das Spektakel des künstlichen Vulkans möglich. Und so preist etwas nördlich der Insel eine eiserne Brücke die neue Epoche. Sie ist ein verkleinertes Abbild der ersten gusseisernen Brücke, die wenige Jahre zuvor im englischen Shropshire errichtet worden war. Fürst Franz wollte die Errungenschaften der ganzen Welt abbilden in seinem Wunderpark. Noch 1925 lobt ein Besucher, der Kunsthistoriker Wilhelm van Kempen, der Park von Wörlitz sei keine lokale Größe, sondern »eine europäische, eine Weltangelegenheit«.

Im Norden

Der Park von Wörlitz ist eine Absage an das strenge Regime französischer Gartenkunst, an strammstehende Bäume, geometrische Heckenlinien, gerade Sichtachsen, in denen der Gast sich klein fühlt und der Hausherr groß. Das aber heißt nicht, dass es hier nicht auch um bleibende Bilder ginge. Der Mann, der sich vielleicht am besten darauf verstand, war Franzens 1793 gestorbener Hofgärtner Johann Leopold Ludwig Schoch der Ältere. Jede Biegung hat er durchkomponiert wie ein Maler, und sein besonderes Geschick zeigt sich darin, dass die Besucherinnen und Besucher bis heute oft gar nicht gewahr werden, wie sehr ihr Blick beim Spaziergang durch geschickt angelegte Wege, durch gepflegte Aussichten an den richtigen Stellen gelenkt wird.

Das ist am besten im Nordwesten des Parks zu erleben, auf **Schochs Insel.** Mehrere Brücken führen hierhin. Man kann sich der Insel zum Beispiel von Osten nähern, mittig durch das so archaisch anmutende, mit Borke verkleidete **Wurzelhaus**, das an eine selbstgebastelte Waldhütte von jemandem erinnert, der kein Werkzeug zur Hand hat. Weiter geht es vorbei an einer antikischen Statue des **Dornausziehers.**

Innezuhalten lohnt sich allenthalben, etwa, wenn man die goldene Urne erreicht, welche die 1769 verstorbene erstgeborene Tochter des Fürstenpaares ehrt. Der Blick schweift hier über den kleinen Kanal und erfasst in der

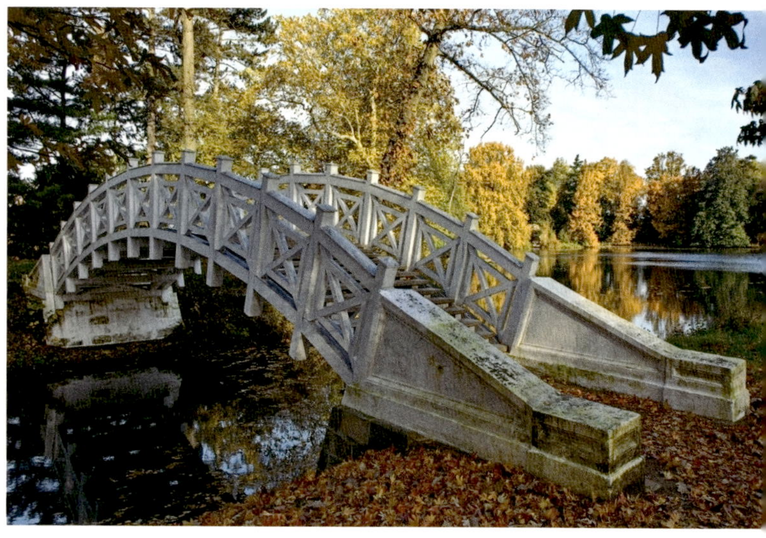

Die Weiße Brücke ist einer der Übergänge zu Schochs Insel

Ferne sowohl die Synagoge zur Linken als auch die St.-Petri-Kirche zur Rechten. Wörlitz setzt ein friedliches Nebeneinander der Religionen in Szene, wie es auch Gotthold Ephraim Lessings Ringparabel in seinem 1779 veröffentlichten Stück »Nathan der Weise« skizziert.

Auf der Insel angelangt, findet sich im Nordosten der

in Franzens Zeit so bezeichnete **Warnungsaltar**. Mit ihm wollte der Fürst seines Freundes und Lieblingsgestalters Friedrich Wilhelm von Erdmannsdorff gedenken nach dessen Tod im März des Jahres 1800. Die Inschrift aber zielt auf das große Ganze: »Wanderer, achte Natur und Kunst und schone ihre Werke«, dazu sind Gott Apoll und die Musen zu sehen.

Nun war es zuvor, in den Jahren 1770 und 1771, die Natur selbst, die das Werk der Gärtner zerstört hatte; die beiden Hochwasser der Elbe fluteten das niedrig liegende Gelände. Danach nahm Schoch einen neuen Anlauf und achtete nun noch mehr auf Aussichtspunkte und darauf, wie sich beim Gehen die Landschaft verändert und erschließt. Mit seinen Pflanzungen setzte er später auch ein politisches Zeichen und wählte mit Vorliebe – oder nach Vorgabe des Fürsten – nordamerikanische Hölzer wie die Roteiche und die Sumpfzypresse. Seit die Vereinigten Staaten sich 1776 von England getrennt hatten, galten sie als das Land des Fortschritts und der Freiheit. Angeordnet hat Schoch viele Bäume, aber nicht wie in Amerikas Weiten, sondern wie in den englischen Gärten, als kleine Gruppen auf breiten Rasenflächen. 1797 jubelte ein Besucher, der Theologe und Schriftsteller Karl August Böttiger: »Vielleicht versteht jetzt in England selbst kein Landschaftsgärtner so meisterhaft die Kunst, durch Mischung von hundertfachem Grün zu schattieren und grün in grün zu malen wie Franz.« Dieses Kompliment galt eigentlich nicht dem Fürsten, sondern dessen Gärtner.

Verwunschene Ecken finden sich dabei auch in Schochs Garten; seine lebende Landschaftsmalerei kennt neben dem eindrücklichen Panorama auch das liebevolle Detail. Im Norden der Insel trifft man zwischen hohem Gras auf die von dem Bildhauer Johann Christian Ehrlich in Sandstein geschaffene **Jagdgöttin Diana** mit ihrem Hund, und sie ist möglicherweise wie im Mythos über die Begegnung mit den Eindringlingen nicht allzu erfreut; jedenfalls scheint sie einen mit der ausgestreckten Rechten wegzuschicken. Schnell flüchtet man nach Süden, hält kurz an Schochs eigener Grabstätte mit Gruft – er ist hier wirklich beigesetzt, was nicht üblich ist; der Tod ist in Parkanlagen in der Regel nur symbolisch vertreten.

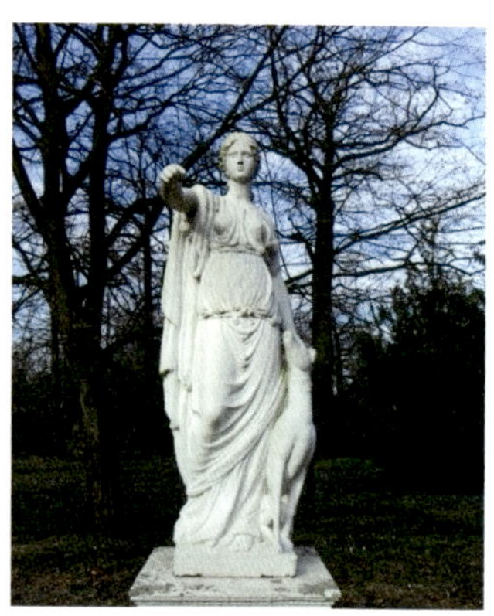

Statue der Diana

Schoch beackerte die Insel auch als Nutzfläche, er hat etwa Maulbeerbäume gepflanzt, und sein Förderer Franz betrieb hier seine Apfelbaumstudien. Trotz der vielen auf Bildwirkung bedachten Aussichten hat Schochs Garten nichts Repräsentatives an sich. So wollte es der Fürst: Während er im Schloss Amtsperson war, verstand er sich auf der Insel als Privatmann. Und dessen Herz gehörte nicht der Fürstin Louise, die er auf Druck des Preußenkönigs Friedrich des Großen geheiratet hatte. Sondern Schochs Tochter Luise, 20 Jahre jünger als die Fürstin gleichen Namens und 30 Jahre jünger als der Fürst. Sie ist die Hauptperson in Schochs Garten.

Luise Schoch zuliebe ließ Franz ihr Elternhaus zu einem Palast ausbauen. Schon auf den ersten Blick wird klar: Hier, in seinem Refugium, ging der Bauherr Franz auf Distanz zum aufgeklärt klassizistischen Ideal, dem er sich als Staatenlenker verpflichtet sah. Als Privatperson erlaubte er sich einen historischeren Zugang. Tief beeindruckt haben ihn die neugotischen Bauten, die es in England schon seit Mitte des 18. Jahrhunderts zu sehen gab. Diese Liebe teilte sein Baumeister Erdmannsdorff nicht; trotzdem beteiligte er sich wohl an den Entwürfen der ersten Bauphase des umgebauten Gärtnerhauses ab 1773. Später war dann vor allem der Baudirektor Georg Christoph Hesekiel im Einsatz.

Das **Gotische Haus** in Schochs Garten wurde zu einem der ersten neugotischen Bauwerke Deutschlands. Fürst Franz bewies hier auch sein Gespür für den neuen Geist der Zeit. Bestätigt fühlte er sich durch einen Aufsatz, den Goethe als junger Mann 1772 geschrieben hatte und der Franz einige Jahre danach in die Hände fiel. Darin schwärmte Goethe für das Straßburger Münster und wandte sich gegen die übliche Abwertung der Gotik als überladen und veraltet. Er ging noch weiter und erklärte ein Bekenntnis zur Gotik zum patriotischen Akt: »Das ist deutsche Baukunst, unsre Baukunst, da der Italiäner sich keiner eignen rühmen darf, vielweniger der Franzos.« Einige Jahre später, nach seinen

Italienstudien, war dem Schriftsteller seine komplette Fehleinschätzung und deutschnationale Vereinnahmung der Gotik peinlich. Da aber war es schon zu spät; Ende des Jahrhunderts berufen sich deutsche Patrioten auf Goethes Aufsatz und plädieren für eine Rückkehr zur – in Wahrheit französischen und internationalen – Gotik als typisch deutscher Kunst. Goethe kam dagegen nicht an, auch den Dessauer Fürsten Franz konnte er von seiner Gotikeuphorie in persönlichen Gesprächen nicht abbringen. Dieser schien dabei zu vergessen, dass es nicht alte deutsche Kirchen, sondern neue englische Bauten waren, die ihn überhaupt erst auf die Idee brachten, das Haus der Gärtnerfamilie in diesem Stil auszubauen.

Insbesondere dem vom Schloss aus gesehen hinteren Gebäudeteil ist das noch immer anzumerken. Er stammt aus den mittleren 1780er Jahren, als Franz begann, sich häufig hier aufzuhalten (weitere Anbauten ziehen sich bis 1813 hin). Vom Garten kommend, schwingt sich eine rote Backsteinfassade in die Breite; die üppigen Fenster fügen sich in Rund- und Spitzbögen, gliedern sich in auf alt gemachtem weißem Maßwerk und tragen Fenster mit bunten Glasmalereien; der Gartensaal im Erdgeschoss konnte im Winter als Pflanzenhaus dienen.

Die andere Seite des Gotischen Hauses erschließt sich am besten bei einer Gondelfahrt durch den westlich gelegenen Wolfskanal, der vom Wörlitzer See abgeht. Sie entstand schon in der ersten Bauphase der Jahre 1773/74 und hat nichts Britisches wie die Gartenseite, lässt aber ebenfalls so gar nicht an ältere deutsche Bauten denken. Die mit Marmor gerahmte dreischiffige Front mit Rundfenster ist eine Hommage an die venezianische Kirche Madonna dell'Orto. Die geht auf das 14. Jahrhundert zurück und zitiert ihrer-

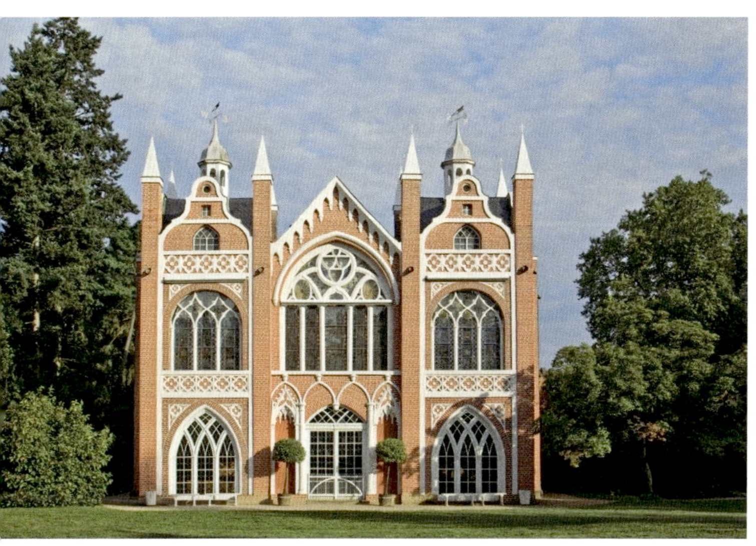

Das Gotische Haus, von hinten gesehen (Gartenseite)

seits vage die gotische Frarikirche in Venedig, setzt dabei aber auf Breite statt Höhe. Mit deutscher Kirchenkunst oder den französischen Vorbildern hat diese venezianische Spielart nichts zu tun, auch nicht in ihrem Wörlitzer Abbild. Die Verehrung der deutschen Gotik bleibt in Wörlitz Behauptung.

Umso unbefangener mischte Fürst Franz die Innenausstattung, die mit ihren hochlehnigen Stühlen und einer Rüstung mal an Ritterromantik denken lässt, dann wieder über klassizistische Decken verfügt und zudem stattliche Bilder der Cranachschule und anderer Meister der Reformationszeit umfasst – schließlich ist der Fürst Protestant. Viele der Glasmalereien stammen aus der Schweiz des 15. bis 17. Jahrhunderts, einige auch aus Deutschland, Frankreich und Flandern. »Mit der Vorwelt« habe der Fürst hier gelebt, notierte 1818 kurz nach dessen Tod ein Besucher, ein anderer entzückte sich schon 1797 in Verkennung der überregionalen Herkunft vieler Stücke: »Du wandelst hier in lauter Denkmälern altteutscher Vergangenheit!« Das dürften auch die Herrscher der kleinen deutschen Fürstentümer goutiert haben, die Fürst Franz gerne, ohne das an die große Glocke zu hängen, zur Besprechung der politischen Großwetterlage im Gotischen Haus versammelte. So privat war das Gebäude dann doch nicht.

Vom Gotischen Haus aus lohnt der Gang nach Norden. Einen herumstolzierenden Pfau grüßend, verlassen Besucherin und Besucher die Insel über die Hornzackenbrücke – eine der 19 historischen, jeweils unterschiedlich geformten Wörlitzer Brücken. Vorbei am ehemaligen Kuhstall, auch neugotisch, und in der Nähe von Ackerflächen und einem Palmenhaus findet sich nach einem Vorbild aus Spoleto der geradlinige **Floratempel**, der an die römische Göttin der Blüte und der Jugend erinnert. Er liegt inmitten eines

Blumengartens mit südlich anmutenden Terrakottavasen. Direkt vor dem aufgesockelten Tempel erstreckt sich das phallusförmige Beet, das Franz dem altgriechischen Gott der Fruchtbarkeit Priapos gewidmet hatte.

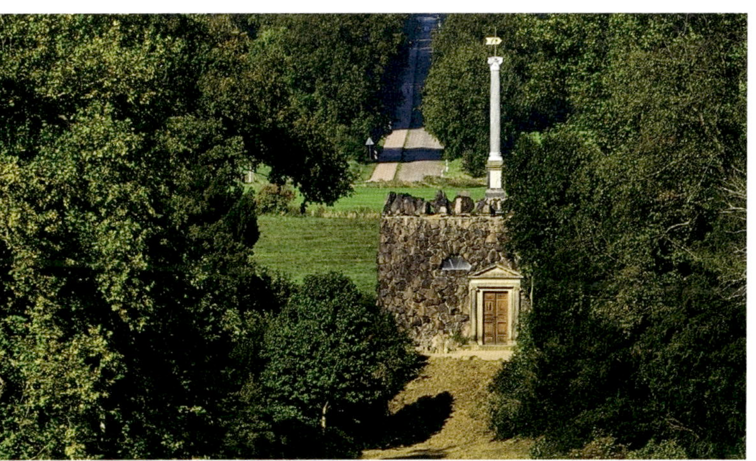

Das Monument

Noch weiter im Norden schließt sich die **Romantische Partie** an, hier ist der Wildwuchs Prinzip (und wird doch, wie überall im Gartenreich Dessau-Wörlitz, dann wieder eingehegt). In das Wohlbefinden mischen sich nun kleine Schauer. So gelangt man vom Floragarten über eine zwischen Felsen schaukelnde Kettenbrücke hierher, Schwindelfreiheit hilft. Unter ihr ist der etwas beklemmende **Schlaf- und Betplatz eines Eremiten** nachempfunden.

Durch düstere unterirdische Gänge gelangt man schließlich in die Grotte des Feuergottes Vulkan (und nebenan zur Grotte des Wassergottes Neptun und des Windgottes Aeolus) unter dem **Venustempel.** Dieser zehnsäulige Monopte-

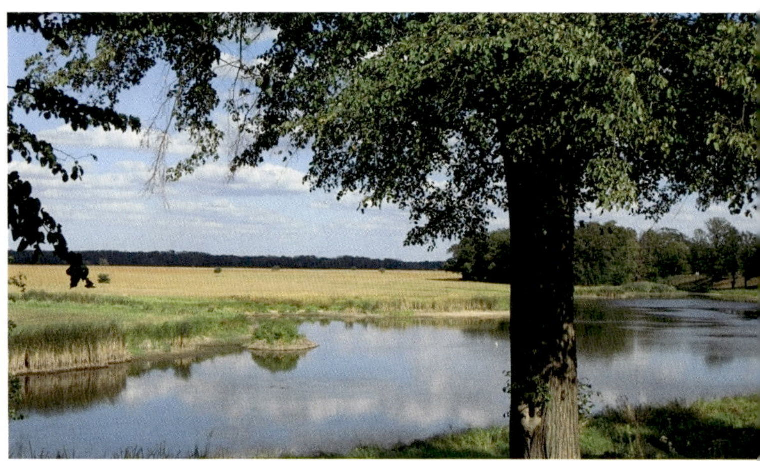

Blick über die Elbauen

ros, 1794 von dem Baumeister von Erdmannsdorff entworfen, bringt einen ans Licht und auch in die Realität zurück, nämlich auf den Deich, der den Park zum Biosphärenreservat Elbaue hin abgrenzt. Der dorische Tempel mit dem Abguss einer Venus Medici ist Fluchtpunkt vieler Sichtachsen des Parks, von hier aus hat man einen weiten Blick über den Garten im Süden sowie über die Flusslandschaft im Norden. Nebenan liegt die **Luisenklippe,** die so heißt, seit

Prinzessin Luise Charlotte von Sachsen-Gotha-Altenburg 1797 den künstlichen, mit rundlichem Erkeraufbau versehenen Felsen bestieg.

Wo die Gartenanlage mit ihren Gruften, Gängen und Schwebebrücken eben noch verwegen erschien, kehrt man von hier aus zurück in die vergleichsweise nüchterne anhaltinische Elblandschaft. Und spaziert, tief den Wind einatmend, auf dem Deich nach Osten. Doch die Baumeister verzichteten auch hier noch nicht ganz auf ihre archaisch anmutenden Felsenspielereien. Dunkle Brocken türmen sich zum **Monument**, auf dem eine Marmorsäule wie eine Antenne balanciert. Eine Inschrift über einer Tür erklärt, wem der Fürst sich hier verpflichtet sieht: »Meinen Vorfahren«. Innen finden sich Marmorreliefs der Fürsten von Anhalt-Dessau seit 1586, alle geschaffen kurz nach 1800 von Friedemann Hunold. Franz selbst bekam nach seinem Tod im Jahr 1817 auch noch eine Büste. Vom Monument aus ergibt sich ein schöner Blick auf das Schloss und den Ort Wörlitz im Süden. Und im Norden? Da liegt hinter den Elbauen das kleine Coswig und irgendwo in weiter Ferne das große Berlin. Den Blick in diese Richtung vom Schloss aus verstellt aber das Monument; die eigene Ahnenreihe lag dem Fürsten näher als geopolitische Anschlussfähigkeit.

Es geht wieder vorbei an der goldenen Urne und dem Dornauszieher, eine Gratwanderung zwischen den Elbauen im Norden und dem Park im Süden. Man erreicht jetzt den weitläufigen Gartenteil im Osten, von dem große

Teile Schochs 1758 geborener Sohn Johann George Schoch angelegt hat, der dafür auf Kosten des Fürsten Studien in England und Frankreich betrieben hatte. Er bemühte sich sichtlich, die anhaltinische Landschaft mit ihren Nutzflächen und Gewässern als so natürlich gewachsen wie möglich wirken zu lassen; das Verspielte und Verschrobene des Parkwestens lag ihm fern.

Architektonisches Glanzstück im Nordosten, auf Höhe des Venustempels im Nordwesten, ist das **Pantheon** auf dem Elbdeich direkt am See Großes Walloch, der bei einem Hochwasser entstanden ist. Auf den Wallanlagen wirkt der dunkelrote Rundbau mit korinthischem Säulenportikus eher zierlich als staatstragend. Wieder sitzt hier eine moderne Architektur auf einem – angeblich naturbelassenen – Felsenhaufen auf. Die Inschrift »Den Freunden der Natur und Kunst« ist auch deshalb bemerkenswert, weil sie keine Hierarchie zwischen beiden Kräften etabliert.

Erbaut hat das Pantheon noch Friedrich Wilhelm von Erdmannsdorff, in den Jahren 1795 bis 1797. Es orientierte sich am – viel größeren – Pantheon in Rom, aber auch an Andrea Palladios Villa Rotonda bei Vicenza und an britischer Architektur. Auf dem Relief des dreieckigen Giebels schlichtet die römische Göttin der Weisheit, Minerva, einen Streit zwischen Musen und Sirenen; auch im zentralen inneren Saal finden sich Statuen der Musen sowie des Apoll. Und die eindrucksvolle, innen bemalte Kuppel, angeregt von antiken Reliefs aus Rom, zeigt rund um das einfallende Oberlicht Figurationen der Künste.

Es lohnt ein Aufstieg auf das windgeschützte Dach des Pantheons, von dem aus sich die weiten Elbauen bewundern lassen. Und danach ein Abstieg hinab in die Erde: In den Deich hineingebaut wurde der Keller, gewidmet der altägyptischen Kultur mit etlichen Gipsabgüssen. Auf die Flussseite ausgerichtet ist die Göttin Isis: Wer den Nil beherrscht, dem mag auch die Elbe nicht fremd sein.

Das Pantheon war einmal als Museum gedacht, so korrespondiert es mit dem Südseepavillon ganz im Westen des Wörlitzer Gartens: Das eine Haus bietet einen Ausflug in die Vergangenheit, das andere einen über die Meere in die Ferne. Fürst Franz mag mit Berlin fremdeln, den Rest der Welt aber lädt er in seinen Garten ein.

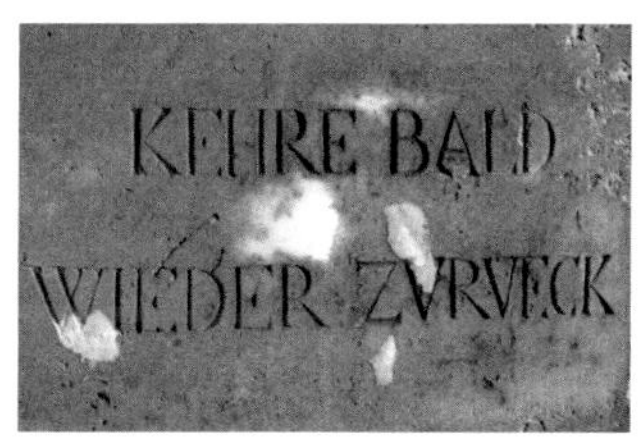

Inschrift im Wörlitzer Park

Literatur (Auswahl)

Bechtholdt, Frank-Andreas / Thomas Weiss (Hg.): Weltbild Wörlitz. Entwurf einer Kulturlandschaft, Wörlitz 1996

Beyer, Andreas: Die Kunst des Klassizismus und der Romantik, München 2011

Boettiger, Carl August: Reise nach Wörlitz 1797, aus der Handschrift ediert und erläutert von Erhard Hirsch, Wörlitz 1985

Bückling, Maraike (Hg.): Klassizismus 1770-1820, München 2013

Busch, Werner: Das sentimentalische Bild. Die Krise der Kunst im 18. Jahrhundert und die Geburt der Moderne, München 1993

Dorgerloh, Annette (Hg.): Klassizismus – Gotik. Karl Friedrich Schinkel und die patriotische Baukunst, München 2007

Eger, Christian (Hg.): Fort, fort, der Südost fliegt gerade über Wörlitz. Der Garten und seine Dichter um 1800, Halle 2001

Gaehtgens, Thomas W. (Hg.): Johann Joachim Winkelmann, 1717-1768, Hamburg 1986

Hirsch, Erhard: Dessau-Wörlitz. Aufklärung und Frühklassik, Dößel 2013

Hirsch, Erhard: Die Dessau-Wörlitzer Reformbewegung im Zeitalter der Aufklärung, Tübingen 2003

Hofmann, Werner: Das entzweite Jahrhundert. Kunst zwischen 1750 und 1830, München 1993

Küster, Hansjörg / Ansgar Hoppe: Das Gartenreich Dessau-Wörlitz. Landschaft und Geschichte, München 2010

Kansteiner, Sascha: Die antiken Skulpturen aus fürstlichem Besitz im Gartenreich Dessau-Wörlitz, Halle 2021

Kansteiner, Sascha: Johann Joachim Winckelmann und das Gartenreich Dessau-Wörlitz, Dessau 2003

Kulturstiftung Dessau-Wörlitz (Hg.): Cranach im Gotischen Haus in Wörlitz, München 2015

Kulturstiftung Dessau-Wörlitz (Hg.): Der Alltag der Fürstin Louise von Anhalt-Dessau. Ihre Tagebuchaufzeichnungen 1756-1805, zusammengefasst von Friedrich Matthisson, München / Berlin 2010

Kulturstiftung Dessau-Wörlitz (Hg.): Die originalen Tagebücher der Fürstin Louise von Anhalt-Dessau. Auszüge aus den Jahren 1795-1811; bearbeitet von Ingo Pfeifer, Uwe Quilitzsch, Kristina Schlansky. Halle 2010

Kulturstiftung Dessau-Wörlitz und Frank Vorpahl (Hg.): Georg Forster. Die Südsee in Wörlitz, München 2019

Kulturstiftung Dessau-Wörlitz (Hg.): Unendlich schön. Das Gartenreich Dessau-Wörlitz, Berlin 2005

Kulturstiftung Dessau-Wörlitz (Hg.): Schloss Wörlitz. Architektur, Interieur, Sammlungen, Bewohner. Das Landhaus des Fürsten Franz von Anhalt-Dessau (1740-1817), Halle 2017

Lott, Kirsten: Der Obstbau im Reformwerk des Fürsten Franz. Naturwissenschaftliche Beiträge, Museum Dessau 6, 1991, S. 37-58

Mittelstädt, Ina: Leopold III. Friedrich Franz von Anhalt-Dessau und sein Wörlitzer Park, in: dies. (Hg.): Wörlitz – Weimar – Muskau. Der Landschaftsgarten als Medium des Hochadels (1760–1840), Köln / Weimar / Wien 2015, S. 49-160

Rode, August von: Beschreibung des Fürstlichen Anhalt-Dessauischen Landhauses und Englischen Gartens zu Wörlitz, Dessau 1788, neue vollständige Ausgabe von 1814 mit Ergänzungen von 1818, Hg.: Christian Eger, Halle 2008

Speler, Ralf-Torsten (Hg.): Friedrich Wilhelm von Erdmannsdorff. Kunsthistorisches Journal einer fürstlichen Bildungsreise nach Italien, München / Berlin 2001

Weiss, Thomas (Hg.): Dessau und Weimar: zum 250. Geburtstag von Johann Wolfgang von Goethe, Wörlitz 1999

Weiss, Thomas (Hg.): Von der Schönheit weissen Marmors: zum 200. Todestag Bartolomeo Cavaceppis, Dessau 1999

Wolf, Norbert: Klassizismus und Romantik, Stuttgart 2002

Zaunstöck, Holger (Hg.): Das Leben des Fürsten. Studien zur Biografie von Leopold III. Friedrich Franz von Anhalt-Dessau (1740-1817), Halle 2008

Bildnachweis

Imago, Berlin: 8 (imagebroker)

Kulturstiftung Dessau-Wörlitz, Bildarchiv: Peter Dafinger: 6, 9, 13, 16, 18, 25, 26 rechts, 33, 55, 63, 67; Heinz Fräßdorf: 17, 21, 22, 23, 26 links, 28, 30, 32, 34, 35, 36, 38, 39, 41, 42, 51 links, 52, 59, 64, 70, 75

Janos Stekovics, Wettin-Löbejün: 11, 46-47, 58, 77

Kia Vahland, München: 14, 51 rechts, 53, 62, 72, 78, 81

Gleimhaus Halberstadt – Museum der deutschen Aufklärung: 27

Wikipedia, Berlin: 44 (Simon Waldherr)

Inhalt

2. Auflage 2025. Originalausgabe Bezugspapier: Venustempel im Wörlitzer Park, Foto: Berthold Steinhilber/laif, Köln. Karte Vor- und Nachsatzpapier: Peter Palm, Berlin. Gesetzt in der Schrift Kepler Std. Gedruckt auf holzfreies, alterungsbeständiges mattgestrichenes Papier der Firma Inapa, Hamburg, von der Memminger MedienCentrum AG, Memmingen. Gebunden in Fadenheftung von der Josef Spinner Großbuchbinderei GmbH, Ottersweier. Printed in Germany. Erste Auflage 2022. ISBN 978-3-458-19499-6

Insel Verlag Anton Kippenberg GmbH & Co. KG,
Torstraße 44, 10119 Berlin. info@insel-verlag.de
www.insel-verlag.de

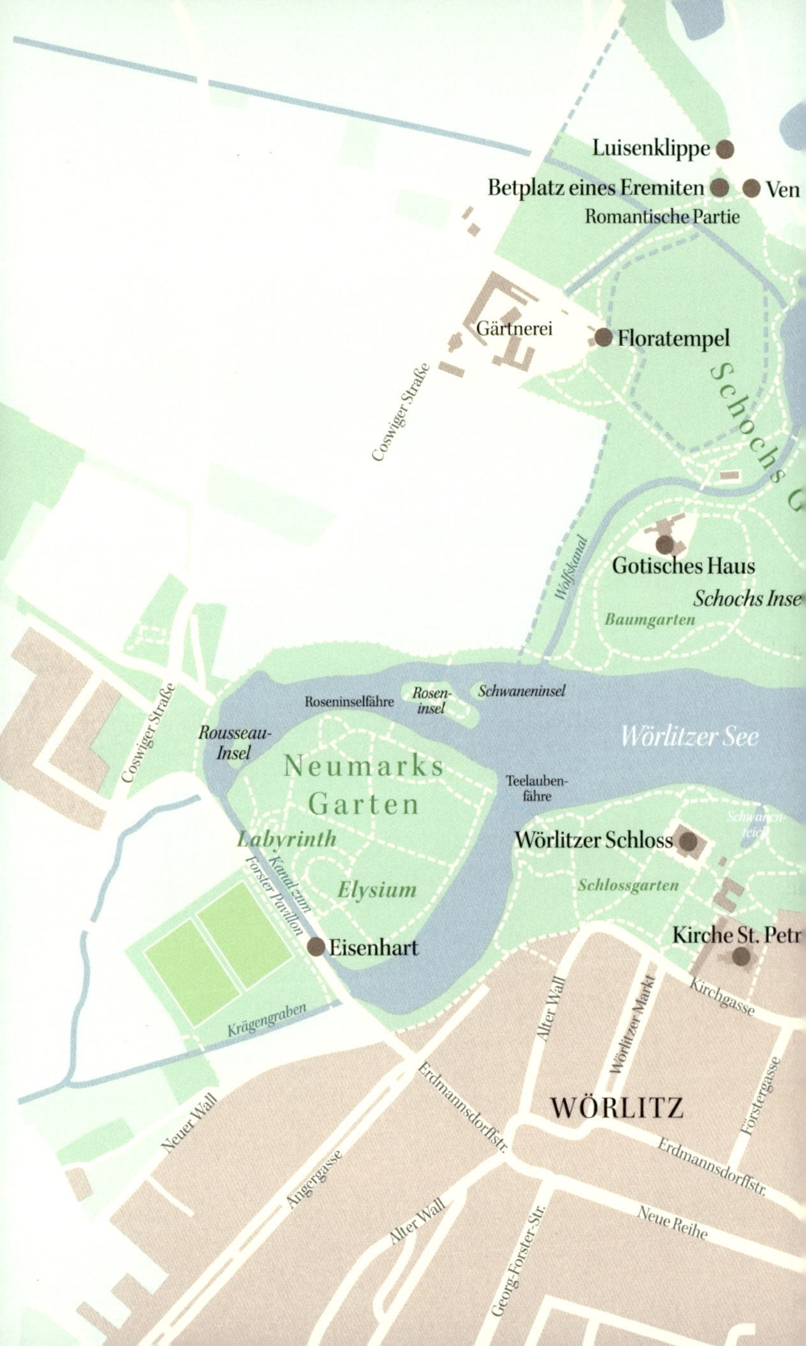

Luisenklippe
Betplatz eines Eremiten
Ven
Romantische Partie
Gärtnerei
Floratempel
Schochs G
Coswiger Straße
Wolfskanal
Gotisches Haus
Schochs Inse
Baumgarten
Roseninselfähre
Rosen-
insel
Schwaneninsel
Coswiger Straße
Rousseau-
Insel
Wörlitzer See
Neumarks
Garten
Teelauben-
fähre
Labyrinth
Kanal zum
Forster Pavillon
Wörlitzer Schloss
Schlossgarten
Elysium
Eisenhart
Kirche St. Petr
Krägengraben
Alter Wall
Wörlitzer Markt
Kirchgasse
Erdmannsdorffstr.
Förstergasse
WÖRLITZ
Neuer Wall
Erdmannsdorffstr.
Angergasse
Neue Reihe
Alter Wall
Georg-Forster-Str.